Die vergessene Kalenderreform des Nikolaus von Kues

Enthaltend:

Cusanus, *De correctione kalendarii*

basierend auf der deutschen Übersetzung von Viktor Stegemann

Eine chronologiekritische Untersuchung von Christoph Däppen

Überarbeitete Ausgabe 2019

© 2019 Christoph Däppen

christoph.daeppen@bluewin.ch

Herstellung und Verlag:
BoD – Books on Demand, Norderstedt

ISBN 9783833448133

Printed in Germany

Einleitung

Die bisher angenommene Chronologie der überlieferten Geschichte läßt sich nicht aufrecht erhalten; sie ist ziemlich sicher grundlegend falsch! In den letzten zwanzig Jahren wurde versucht, diese abenteuerliche These aus verschiedensten Blickwinkeln und mit ganz unterschiedlichen Materialien und Methoden zu untermauern - mehr oder weniger überzeugend. Zeigen zu können, daß die traditionelle Chronologie der Geschichte und vielleicht ein großer Teil der älteren Geschichte selbst mit an Sicherheit grenzender Wahrscheinlichkeit nicht stimmen, ist die eine Seite der Medaille (die sich uns schon sehr prägnant präsentiert) – die andere Seite hingegen, nämlich überzeugend einen alternativen Ansatz bezüglich Chronologie und Inhalten der Geschichte präsentieren zu können, ist noch kaum in Umrissen erkennbar. Das hängt auch damit zusammen, daß die Analyse im Detail noch immer zu wenig weit fortgeschritten ist, daß noch immer zu viel sperriges Material herumliegt, das jede neue Theorie zur Chronologie sogleich zu Fall bringen könnte. Viele Geschichtskritiker machen dieselben Fehler wie die von ihnen kritisierten Schulhistoriker: sie neigen zu vorschnellen Schlüssen und basteln an Theorien, die letztlich leicht widerlegbar sind. Auch für den außenstehenden Laien ist es nicht immer einfach, den Überlegungen der Kritiker folgen zu können, was auch damit zu tun hat, daß deren Argumente meist schwer vermittelbar sind und zudem oft auch nicht viel überzeugender als jene der Traditionalisten. Aber eine neue Theorie sollte doch immer um einiges besser sein als eine alte, wenn sie diese vom akademischen Sockel stürzen will!

Die Chronologie ist eine anspruchsvolle, im Grunde hochtechnische Wissenschaft, die von humanistisch gebildeten Historikern oft gar nicht bewältigt werden kann, weil sie schwieriges Spezialwissen aus so fachfremden Gebieten wie Astronomie, Mathematik, Statistik und Informatik voraussetzt. Aber auch Naturwissenschafter und Informatiker scheitern an der Chronologie, weil ihnen meist die Kenntnis der alten Sprachen fehlt und sie auch mit religiösen und mythologischen Konzepten nicht viel anfangen können, die aber für die Durchdringung vieler chronologischer Probleme unverzichtbar sind.

Mit der vorliegenden Arbeit bietet sich nun die Chance für eine ganzheitliche Betrachtungsweise, weil nämlich das hier ausgebreitete Material als die Stimme eines Mannes zu uns spricht, für den das Wissen noch universellen Charakter hatte: Nikolaus von Kues (1401-1464), genannt Cusanus, gehörte zweifellos zu klügsten, aber auch umstrittensten Köpfen seiner Zeit. Die Liste seiner Publikationen deckt ein breites Spektrum ab, das von der Religion bis zur Mathematik und Astronomie reicht. Die Schrift, die langfristig vielleicht die größte Wirkung erzielte und die das Thema des vorliegenden Buches ist, war sein Vorschlag zur Verbesserung des Kalenders, mit dem er gleichermaßen religiöse und astronomische Fragen aufgriff; und er streift damit automatisch auch chronologische Aspekte - allerdings in einer aus moderner Sicht sehr unkonventionellen Art, die uns mit zahlreichen Anachronismen konfrontiert, die gewöhnlich als „Fehler" und „Irrtümer" eines - angeblich - auf bescheidenem mittelalterlichen Wissensstand argumentierenden Gelehrten abgetan werden, die aber in Wahrheit der Schlüssel zum Verständnis der antiken Zeitrechnung bilden könnten.

Cusanus war der Antike wohl viel näher als wir meinen – nicht nur kulturell, sondern auch zeitlich. Oder anders gesagt: Unsere ideelle Distanz zu Cusanus ist mittlerweile so groß geworden, daß wir viele seiner Gedankengänge kaum noch nachvollziehen können. Trotzdem spricht sein Text klar und offen zu uns: Die Frage des „richtigen Ostertermins" ist für Cusanus zutiefst religiös begründet, auch wenn – quasi als Pointe zum Schluß – für die Umsetzung seines Reformvorschlags auch noch ein finanztechnisches Detail berücksichtigt werden muß. In Cusanus erkennen wir einen Wissenschafter mit breiter Bildung, der mit derselben Leichtigkeit mit astronomischen Zahlen jongliert wie er auch religiöse Befindlichkeiten erörtert und zu guter Letzt auch noch ein offenes Ohr für die Argumente der Geschäftsleute hat.

Cusanus' Vorschlag zur Korrektur des Kalenders erfolgte im Rahmen des Konzils zu Basel (1431-1449), das als die bedeutendste Kirchenversammlung des späten Mittelalters angesehen wird. Doch seine Kalenderkorrektur wurde angeblich nie umgesetzt, weil sich das Konzil infolge von Machtkämpfen und kirchenpolitischen Wirren, die letztlich sogar in ein Papstschisma mündeten, in eine faktische Beschlußunfähigkeit manövrierte. Dies ist die offizielle Geschichte – die inoffizielle Version läßt jedoch einen Ausgang offen, wonach Cusanus' Reform wenigstens teilweise in einigen Gebieten Europas realisiert wurde. Denn letztlich entschieden in einer solchen auch das profane Wirtschaftsleben betreffenden Sache nicht die Kirche und auch nicht der Papst, sondern die Landesfürsten; und zuallerletzt – spätestens mit dem aufkommenden Buchdruck - entschied der Kalendermacher sogar allein, der kraft seines Spezialistenwissens und vielleicht auch eines Gebietsmonopols seine Sicht vom Lauf der Zeit zumindest regional durchsetzen konnte. Es galten die publizierten Kalender. Und wenn sie gut waren, dann setzten sie sich durch und setzten den Standard. Das könnte eben bedeuten, daß Cusanus' Reform von den Praktikern aufgegriffen wurde, obwohl das Konzil selbst sich nicht dazu entschließen konnte.

Unser völlig falsches Bild von dieser Zeit geht davon aus, daß die Kirche absolute Verfügungsgewalt über das Alltagsleben der Leute hatte. Doch das war gewiß nicht der Fall – und noch schlimmeres drohte: die Feinde der Kirche (Juden, Mohammedaner) lauerten schon vor der Kirchentür und verhöhnten den „falschen" Kalender der Christen! Die Kirche war bezüglich der Kalenderfrage in den Zustand der Unwahrheit geraten, und dies mag vielleicht sogar den einen oder andern Christen bewogen haben, die Konfession zu wechseln (also z.B. sich zum Judentum zu bekennen, was damals wohl öfters vorkam, als man sich heute vorstellen kann) oder über eine grundsätzliche Reformation der Kirche nachzudenken.

In dieser Situation argumentierte Cusanus mit dem Rücken zur Wand: Seine Schrift enthält die dringliche Bitte an das Konzil, die Kalenderreform nun endlich in Angriff zu nehmen, da sonst Ungemach drohte. Der falsche Kalender der Kirche der Christenheit war ein öffentlicher Skandal, der unbedingt beseitigt werden mußte! Daß dies dann angeblich erst ca. 150 Jahre später im Rahmen der Gregorianischen Kalenderreform (1582) geschah, ist wohl nicht die ganze Wahrheit in dieser Angelegenheit...

Methodik

Die Historiker kennen verschiedene Epochen, die unterschiedlich weit in die Vergangenheit zurückreichen; wir werden in der vorliegenden Untersuchung mit folgenden Ären und Epochen zu tun haben:

Epoche per bzw. Ära CHR (Abk.)	Bezeichnung	Nominaljahr 1.1.1600
ALF	ab Alfonsinische Tafeln	348
NPR	neupersisch, ab Dschelaleddin	521
APR	altpersisch, ab Jezdegird	969
MOH	mohammedanisch, ab Hedschra	1008
ARM	armenisch	1049
DIC	ab Indiktionsrechnung	1289
DIO	ab Diokletian	1316
CHR	christlich, ab Christi Geburt	1600
AUG	ab Augustus	1627
ACT	ab der Schlacht von Aktium	1629
SPA	spanisch	1638
IMP	ab Imperium (Cäsar)	1644
JUL	ab Julius Cäsar	1645
ANT	antiochenisch	1648
TYR	tyrisch	1724
HAS	hasmonäisch	1742
SLK	ab Seleukos Nikator	1911
PHI	ab Philipp	1924

NAB	ab Nabonassar	2348
URB	ab Gründung der Stadt (*urbe*)	2352
OLY	ab erster Olympiade	2375

Es handelt sich hier um eine Auswahl der für die Geschichtsschreibung wichtigsten Epochen; die Abkürzungen sind nach einem neuen, formal einheitlichen Schema gestaltet. Jahreszahlen ohne nähere Epochenbezeichnung verstehen sich implizit als „CHR-Datierung", d.h. „nach Christi Geburt" im modernen Sinn. Die relative Datierung der Epochenjahre stützt sich im wesentlichen auf das Schema von Scaliger (+1609) und - darauf aufbauend - von Calvisius (+1615), der die erste „Weltgeschichte" schrieb, die nach einem durchgängigen chronologischen System konstruiert war, das zwar im Detail kritisch hinterfragt, aber grundsätzlich bestätigt wurde vom Jesuiten Petavius, dessen monumentales Werk seither den Leitfaden setzte.[1]

Es kann in diesen alten Werken wohl leichte Abweichungen (1-2 Jahre) zu anderen, neueren Datierungen geben, was aber für unsere Untersuchung ohne Belang ist. Für die jahrzahlige Entsprechung zweier oder mehrerer Epochen (z.B. 1389 CHR = 1434 JUL) verwenden wir den Begriff *Synoche*. Die Synoche bezeichnet somit eine *Syn*chronisation verschiedener Jahreszahlen unterschiedlicher Ep*ochen*. Während also

---

[1] Scaliger, *De emendatione temporum*, Coloniae Allobrogum MDCXXIX.
Calvisius, *Opus chronologicum*, Francofurti ad Moenum et Lipsiae MDCLXXXV.
Petavius, *De doctrina temporum*, Venetiis MDCCLVII.

die Ep-oche wörtlich das „Anhalten in der Zeit" bezeichnet, soll die Syn-oche gewissermaßen den „Zusammenhang der Zeiten" ausdrücken. Es ist wichtig zu wissen, daß die meisten dieser Epochen künstliche Konstrukte sind, die als Resultat der spekulativ-komputistischen Rückschau der Historiker entstanden sind.

Cusanus erwähnt nur zwei Epochen als Basis je einer Zeitrechnung: die christliche und die mohammedanische. Doch seine Umrechnung von der einen in die andere entspricht nicht dem heutigen Stand des Wissens. Wer hat Recht? Cusanus, einer der gescheitesten Gelehrten seiner Zeit, der zudem den entsprechenden Ereignissen zeitlich viel näher stand - oder die modernen Historiker, die aber so modern nicht sind, da sie in chronologischen Fragen auf dem wissenschaftlichen Stand des 19. Jhs. stehengeblieben sind? Die Summe der „Irrtümer" bei Cusanus ergibt paradoxerweise ein Bild, das in seiner Gesamtheit stimmig ist; demgegenüber verfängt sich der moderne Historiker beim Versuch der „Richtigstellung" in unauflösbare Widersprüche, die sein eigenes Nichtwissen schonungslos offenlegen!

Der vorliegende Cusanus-Text basiert auf der Übersetzung von Viktor Stegemann;[2] er wurde jedoch hinsichtlich Satzbau und Zeichensetzung leicht modernisiert und vereinfacht. Wesentliche Abweichungen

---

[2] Nikolaus von Cues, *Die Kalenderverbesserung (De correctione kalendarii),* übersetzt von Viktor Stegemann; Heidelberg 1955.

von Stegemanns Vorlage betreffen hingegen bestimmte Fachausdrücke, wo ich mich zwecks besserer Unterscheidungsmöglichkeit enger an den lateinischen Text gehalten habe. So wurde etwa „Pascha" nicht einfach mit Ostern übersetzt, weil „Ostern" nicht eigentlich eine Übersetzung von „Pascha", sondern schon eine Interpretation ist. Diese scheinbar übertriebene Texttreue ist etwa dort von Bedeutung, wo Cusanus gar nicht „Pascha", sondern „Phase" schreibt, was natürlich nicht mehr mit „Ostern" übersetzt werden kann. Ebenso wurden die Kalenderdaten in Cusanus' Schreibweise übernommen und nicht in die heutige Lesart übersetzt, wie es Stegemann tat. Das erschwert vielleicht die Lesbarkeit, dient aber wiederum der Genauigkeit und kann im Einzelfall ganz andere Bedeutungszusammenhänge herstellen. Im Zweifelsfall muß natürlich die Arbeit von Stegemann konsultiert werden, zumal wenn die lateinischen Textvarianten berücksichtigt werden sollen.

Der Cusanus-Text entstammt verschiedenen lateinischen Handschriften, die von Stegemann in einen einzigen Text gegossen und übersetzt wurden, wobei er die Varianten im lateinischen Text zwar transparent machte, allerdings ohne sie alle als Übersetzung anzubieten. Ich habe darauf verzichtet, die verschiedenen Varianten auf zusätzliche interessante Hinweise auszuloten, da es sich zumeist wohl nur um Verschreibungen handelte, aus denen keine neuen Erkenntnisse zu gewinnen waren. Stegemann konnte im wesentlichen auf zwei Textfassungen zurückgreifen, die sich vor allem durch ihre Länge unterschieden: in der einen Fassung waren Textpassagen enthalten, die es in der andern nicht gab. Dieser zusätzliche Text wurde von

Stegemann kursiv gesetzt, und ich habe dies ebenso gehalten. Für Stegemann war der ganze Text (inklusive des kursiven Teils) der ursprüngliche Text, der dem Konzil zu Basel vorgelegt wurde, während die Texte ohne die kursiven Passagen für ihn spätere, verkürzte Varianten sind.

Ich halte jedoch genau das Gegenteil für richtig: die kursiven Passagen wurden später eingefügt, um den ursprünglichen Text mit neuen Erkenntnissen zu erweitern und auch chronologisch abzusichern. Denn gerade in den kursiven Passagen finden sich auffällig viele chronologische Bezüge, und man fragt sich, weshalb ausgerechnet diese wichtigen Textstellen für spätere Fassungen hätten gestrichen werden sollen - es war wohl doch eher umgekehrt: Die zeitgenössische historische Forschung lieferte neue Resultate, die nun flugs in eine redigierte spätere Fassung eingebaut wurden, um die ganze Kalenderreform noch besser zu untermauern. So würde man es heute machen, und so machte man es wohl auch schon damals. Das würde aber bedeuten, daß die historischen und chronologischen Informationen im kursiven Textteil zur Zeit des Basler Konzils noch nicht oder noch nicht sicher genug vorlagen! Der Leser wird sich hier sein eigenes Urteil bilden können…

Kapitel I

Damit mein Vorhaben bezüglich der Verbesserung des Kalenders deutlich wird, will ich nacheinander von der Ordnung des Kalenders sowie von seiner Unzulänglichkeit sprechen, ferner von den Ursachen seiner Verkehrtheit und wie diese beseitigt werden kann.

Das Jahr ist das Maß jeder denkbaren Bewegung von Endpunkt zu Endpunkt und ist verschieden lang entsprechend den verschiedenen Interessen der Menschen: So nehmen es die einen mit Berücksichtigung der Konjunktion der Lichter zu 30 Tagen an,[i] andere zu 3 Monaten wie die Chaldäer von der Tagundnachtgleiche bis zum Solstitium,[ii] wieder andere zu 12 Mondmonaten zu 354 Tagen wie die Araber, andere im Hinblick auf einen auf die Geburt des Menschen ausgeübten Einfluß zu 10 Monaten wie Romulus.[iii]

Wieder andere berücksichtigen die Umdrehung der Sonne, nehmen das Jahr aber nur zu 365 Tagen an wie einst die Griechen, Perser und Ägypter; noch andere, die den dabei entstehenden Fehlbetrag beachten, haben nochmals 6 Stunden hinzugefügt, wodurch jedes 4. Jahr ein Bisextil-Jahr entsteht;[iv] so die Römer auf Weisung des Julius Cäsar. Diesen Kalender nahmen sich auch die Griechen zum Vorbild, damit all ihre Opfer zu einer bestimmten Zeit des Jahres stattfinden konnten, weil es so, wie sie meinten, ihrem höchsten Gott gefiel.[v]

Umgekehrt die Ägypter: Damit ihre Opfer nicht auf eine bestimmte Zeit festgelegt seien, verschmähten sie den zusätzlichen Vierteltag und behaupteten, der Zeitraum einer vollen Umdrehung betrage 1460 Jahre, was sie das große Sonnenjahr nennen.[vi]

Wie diese Jahre verschiedene Längen haben, so sind auch die Anfangsdaten verschieden. Die einen beginnen das Jahr mit dem Tode Alexanders – dies sind die Koptenjahre der Griechen[vii] -, andere von Nabuchodonosor wie die Jahre der Ägypter,[viii] wieder andere von Jesdargit wie die Perser, wieder andere von Mohammed wie die Araber; diese nennt Azarchel ab „Higera", was soviel wie „Krieg" heißt.[ix]

Andere zählen von den römischen Kaisern, wie es die Römer lange Zeit von Diokletian an taten.[x] Diese Zählung änderten erst die Christen 500 Jahre nach Christi Geburt, da sie meinten, man müsse die Jahresreihe eher mit Christus als mit einem Tyrannen beginnen.[xi]

Das beweisen auch die Akten der Konzilien, besonders jener zu Toledo, die um die gleiche Zeit stattfanden, denn man zählt sie nach der christlichen Ära.[xii] Das Wort Ära kommt laut Isidor von aes, aeris; so nämlich haben die Alten das Jahr bezeichnet.[xiii]

Entsprechend gibt es verschiedene Anfangsdaten für die einzelnen Jahre. Die einen beginnen mit dem März wie die Römer, andere mit dem September wie die Juden, andere mit dem Oktober wie die Ägypter und die Griechen und ebenso die Perser,[xiv] wieder andere von der Sommersonnenwende wie die Araber,[xv] obgleich es keinerlei festen Anfang für das Jahr gibt außer bei dem Jahr, das die Sonnenbewegung mit Einschluß des Vierteltages bemißt, da bei den andern Jahren eine Verschiedenheit hinsichtlich des Anfangs besteht.[xvi] Denn die Perser und Ägypter variieren durch Antizipation jedes

4. Jahr den Anfang um einen Tag; ähnlich die Araber und die Juden.[xvii]

Die Araber kehren allerdings im Verlauf von 30 Umkreisungen zum selben Anfang zurück. Die Juden aber gleichen 19 ihrer Jahre unseren lateinischen Jahren durch Einschub von 7 eingeschalteten Lunationen an.[xviii]

Die Christen beginnen ihr Jahr mit dem 8. Kalend April,[xix] weil dort der Tag der Verkündigung und der Fleischwerdung Christi[xx] liegt, wenn auch die Allgemeinheit, den Italienern folgend, das Jahr mit dem Kalend Januar beginnt.[xxi]

All jene aber, die das Jahr anders als die Chaldäer zählen,[xxii] wenden zweierlei Methoden an: Die einen benutzen zur Messung die Rückkehr der Sonne zum gleichen Zeitpunkt, die andern messen eine solche Umdrehung nach Lunationen. Infolgedessen dienen die Monate des Jahres den Lunationen,[xxiii] und deswegen dauerten die Monate aufgrund einer freilich recht groben Festlegung der Griechen 30 Tage, weil man annahm, daß der Mond sich in so viel Tagen erneuere, wobei man dann zum letzten Monat 5 Tage hinzufügte, damit das Jahr sich in die Umkreisung der Sonne fügte; diese Tage nannten die Alten Interkalare. Ihnen folgend setzte Julius die Monate auf 30 Tage fest, jedoch indem er die Interkalare überall verteilte und sie nicht am Ende des Jahres einfügte wie die Griechen.[xxiv]

Die Araber hingegen führten, moderner und genauer verfahrend, 2 Monate zu 59 Tagen ein, wobei sie zuweilen einen Tag zugaben, und zwar 11 mal in 30 Jahren; in diesem Fall haben dann die beiden Monate 60 Tage.[xxv]

Nun besteht zwar in all diesem Verschiedenheit; trotzdem wiederholen sich die Namen der Tage bei allen im Abstand von 7 Tagen. Doch besteht wieder ein Unterschied hinsichtlich der Bezeichnung des 1. Wochentags und der Tage überhaupt. Die Woche der Christen beginnt beim Tag des Herrn, die Woche der Kopten und Alexanders beim Tag des Mondes, die des Jesdargit beim Tag des Mars, die des Nabuchodonosor beim Tag des Merkurs, die der Heiden beim Jupitertag, die der Hedschra beim Tag der Venus und die der Hebräer beim Sabbat.

Die Namen der Tage sind vom Planeten abgeleitet, der in der 1. Stunde herrscht,[xxvi] und so hat der Tag der Sonne, des Mondes, des Mars usw. nicht nach der Ordnung der Planeten, sondern nach der Folge ihrer Herrschaft seine Bezeichnung erhalten. Diese Methode der Heiden[xxvii] verachteten die Hebräer, und so nannten sie den 1. Tag nach dem Sabbat „Erster des Sabbats" und so weiter. Ähnlich änderten auch die Christen auf Weisung von Papst Silvester die Bezeichnung der Tage: den Tag der Sonne zur 1. Ferie, den Tag des Mondes zur 2. Ferie und so fort.[xxviii]

Die Alten bestimmten auch, man müsse wegen der Bewegung, die die Sonne vor der Vollendung ihrer Umkreisung den 365 Tagen hinzufügt, einen Tag hinzusetzen. Die einen verlangten dies für das 3., andere für das 5. Jahr. Julius Cäsar, der diesen Fragen mit großem Eifer nachging, deckte den Irrtum seiner Vorgänger auf und schaltete auf einmal 21 1/4 Tage ein. Zudem verfügte er durch öffentliches Edikt, es sei jeweils im 4. Jahr der 6. Kalend März als Bisextil hinzuzusetzen.[xxix] Die Priester indes fügten alle 3 Jahre einen Tag hinzu und schalteten so wiederum in 36 Jahren 12 Tage ein, während 9 genügt hätten.[xxx]

Diesen Irrtum bemerkte Augustus und ordnete 12 Jahre ohne Bisextil an, damit die richtige Zählung wieder erreicht werde. Dies ließ Augustus, wie Macrobius zu berichten weiß, auf eherne Tafeln zu ewigem Gedächtnis aufschreiben. Seit dieser Zeit bis in unsere Tage liest man nicht mehr davon, daß dem Jahr etwas hinzugefügt oder weggenommen worden ist.[xxxi]

Ich stelle fest, daß die Chaldäer den Römern für die Bestimmung der Anfänge der Lunationen den 19-jährigen Zyklus übermittelt haben, den diese in ihren Kalendern mit Goldenen Zahlen eintrugen; daher hat er seine entsprechende Bezeichnung erhalten.[xxxii]

Wenn nun jemand über diese Jahre und Ären und ihre Anfänge, über Monate und Tage und den Sinn der Bezeichnungen für Monate und Tage nach dem römischen Brauch noch mehr wissen will, dazu über das, was die alte heidnische Religion hinsichtlich der Gerichtstage, der für Rechtsprechung verbotenen und der Wahltage, ferner wegen der feststehenden und außerordentlichen Feiertage sowie der Markttage und der Unterschiede der Opfer zu beobachten pflegte, und weiter, warum man auf die Kalenden, Nonen und Iden achtete, die damals der Feststellung des Anfangs des Neulichts und der Mitte des Monats dienten - wer also darüber ausführlicher sich zu unterrichten wünscht, der möge zum 18. Buch Augustins gegen Faustus und zu den Komputisten greifen; auch zu Bedas „Über die Zeiten", ferner zu Solins „Weltwundern", zu Ptolemäus „Einleitung zum Almagest", zu Abraham ebn Ezras „Über die Einrichtung der Pisanischen Tafeln", zu Macrobius' „Saturnalien" und zu Ovids „Fasten".[xxxiii]

Kapitel II

Die Unzulänglichkeit des Kalenders bezüglich des Jahres und der Monate ersieht man aus folgendem: Obgleich nämlich ein Jahr mit Bisextil das Maß für die Bewegung der Sonne vom gegebenen Äquinoktial- oder Solstitialpunkt bis zu ihrer Wiederkehr darstellt, so hat doch die wissenschaftliche Erfahrung gelehrt, daß infolge der Antizipation der Solstitien und Äquinoktien das Sonnenjahr kleiner ist, als Julius Cäsar es ansetzte, und zwar wenigstens um einige Stundenminuten. Das hat zur Folge, daß heute das Frühlingsäquinoktium nicht mehr auf den Tag des März fällt, auf den es zur Zeit der Philosophen Felix, Abrachis, Ptolemäus, Albategni, Alpitragius, Thebit und anderer früher Meister fiel.[xxxiv]

Wie groß aber der hier obwaltende Irrtum ist, den man freilich in einem kleinen Zeitraum nicht zu erkennen vermag, das ist bislang nicht bekannt. Selbst mittels eines noch so gewaltigen Instruments hat man es bisher nicht vermocht, auf Grund einer untrüglichen wissenschaftlichen Untersuchung die punktgenaue Wahrheit zu erhalten, wie Abraham ebn Ezra[xxxv] und nach ihm Petrus von Ebano in seiner Abhandlung über die 8. Sphäre sagt. Ptolemäus behauptet, es handle sich um 1/200 weniger als ein Vierteltag, Albategni nennt 1/100 und Johannes de Sacrobosco 1/289. Alfons behauptete vor 183 Jahren,[xxxvi] das Jahr bestehe aus 365 Tagen, 5 Stunden, 49 Minuten, 16 Sekunden und sei mithin um 1/34 kleiner.[xxxvii]

Nach der Darlegung des Abraham ebn Ezra behaupten die Juden, daß in 350 Jahren – ein andermal spricht er von 320 Jahren – aus dem Überschuß über die Viertel ein Tag sich ergebe, ein Resultat, von dem Azofi erheblich abweicht, wie denn auch die Beobachtungen, die man anno Christi 1290 machen konnte, damit nicht übereinstimmen, weil man damals den Eintritt der Sonne in den Widder auf den 13. Tag 16 Stunden nach Mittag feststellte, was sich ebenso wenig mit Alfons deckt, wie eine Reihe anderer Beobachtungen, die man davor und danach gemacht hat. Die persischen Gelehrten versichern, daß der Überschuß über den Vierteltag 1/115 eines Tages betrage, wie ihn Messealla und Albumasarin ihren Tafeln ansetzen.[xxxviii]

Der Spanier Azarchel behauptet im 429. Jahr der Higera, d.h. anno Christi 1089, daß 1/106 zum Vierteltag fehle.[xxxix] Wie dieser behauptet auch Thebit ben Chorra, ein ganz bedeutender Sternkundiger unter den Christen,[xl] in einem seiner beiden Bücher über die Sonnenbewegung, daß 1/106 fehle, während er in einem andern die Ansicht geäußert hat, daß 1/50 überschieße, worin Abencine[xli] und Azarabel[xlii] mit ihm übereinstimmen, wie ähnlich auch Abraham ebn Ezra.[xliii]

Die Juden bestimmen das Maß des Jahres, indem sie, wie Abraham ebn Ezra erklärt, dem Vierteltag 1/120 eines Tages, d.h. 1/5 einer Stunde hinzufügen, und sie sprechen von einem Jahr der Umdrehung von einem Stern bis zu demselben Stern. Wo sie aber von dem Jahr ihrer Festlichkeit reden, behaupten sie, daß in 350 Jahren – die alternativ genannten 320 Jahre sind wohl richtiger - aus dem Überschuß über den Vierteltag ein Tag mehr entstehe.

Auch Thebit, der aufgrund der Verschiedenheit der angestellten Beobachtungen eine vor- und zurücklaufende

Bewegung vorgeschlagen hat, weicht darin von allen ab, indem er erklärt, das Jahr könne nicht aus der Umdrehung bis zu dem Gleichungspunkt bestehen, weil die Gleichungspunkte nicht feststünden, sondern vor- und zurücklaufen würden; vielmehr bestehe das Jahr aus der Bewegung der Sonne von einem Fixstern zu demselben Fixstern, *so wie die Inder[xliv] das Jahr bemessen, die nach Abraham ebn Ezra über den Vierteltag hinaus 1/120, d.h. 1/5 einer Stunde hinzufügen. Und sie sprechen von einem Jahr der Umdrehung von einem Stern bis zu demselben Stern. Wo sie aber von dem Jahr ihrer Festlichkeit reden, behaupten sie, daß aus dem Überschuß über den Vierteltag in 320 Jahren ein Tag mehr hervorgehe. Dieses Jahr ist größer als unser Gemeinjahr mit dem Vierteltag, und zwar um 23 Sekunden und 30 Tertien, die in 353 Jahren einen Tag ergeben.[xlv]*

Wenn wir daher nicht vom Widder der gestirnten 8. Sphäre unseren Ausgang nehmen, sondern vom Äquinoktialpunkt, so bleibt das Jahr auch dann noch ein zweifelhafter Begriff. Denn einige sind zur Behauptung gelangt, daß jede Bewegung des Überhimmlischen dem menschlichen Verstand nicht vermittelbar sei, und daß sie in irgendeine irrationale Proportion mit einer tauben und unnennbaren Wurzel falle, weil jedes menschliche Maß, daß eine Bewegung angenähert ausmißt, immer noch mehr angenähert werden kann. Und so stellen sie die Behauptung auf, daß die obere Bewegung des Himmels vom menschlichen Geist ebensowenig begriffen werden kann wie die Quadratur des Kreises.

Auch Petrus de Ebano tadelt in seiner Abhandlung über die 8. Sphäre die Ansicht Thebits von der Vor- und Rückläufigkeit, wie dies ähnlich auch Albategni tut. Und als man von Thebit wissen wollte, warum man zur Zeit des Abrachis und Ptolemäus jene Bewegung langsamer befunden habe als zu seiner Zeit, so gab er darauf zur Antwort, daß die Bewegung in den Himmeln überhaupt allen unbekannt sei. Thebit behauptete, das Hemmnis bestünde in der Unvollkommenheit des menschlichen Verstandes und der Beobachtungsinstrumente, während Alpitragius sich der Meinung des Aristoteles anschließt und die Ansichten des Ptolemäus bezüglich der exzentrischen Kreise und der Epizyklen zurückweist und, die Erscheinungen rettend, auch alle Sphären als konzentrische annimmt.[xlvi]

Inmitten all dieser verschiedenen Ansichten gründete daher Julius Cäsar das Jahr auf die Beobachtung der ganz alten Babylonier Achamin, Midan und Abrachis; denn diese setzten das Jahr zu 365 Tagen und 6 Stunden an. Da aber jene Ansätze sehr deutlich wahrnehmbare Fehler enthalten, so ist auch bei ihm die Jahreslänge falsch.[xlvii]

Nun ergibt sich, daß in keinem unserer römischen Jahre die Sonne in derselben Stunde in den Punkt des Frühlingsäquinoktiums in gleicher Weise eintritt wie in einem andern Jahr, sondern ganz im Gegenteil derart abweichend, daß nach einer gewissen Zeit die Antizipation einen vollständigen Tag ausmacht, nämlich gemäß Ptolemäus in 300 Jahren, nach Johannes de Sacrobosco in 288 Jahren, nach Alfons in annähernd 134 Jahren und nach Albategni in 100 Jahren. Soweit man aufgrund von Beobachtungen einen angenäherten Mittelwert erhalten kann, so rücken in 150 Jahren die Äquinoktien und Solstitien um einen Tag vor.[xlviii]

Kapitel III

Ein weiterer Irrtum in Bezug auf die Mondmonate und Neumondstage, die im Kalender durch die Goldene Zahl aufgrund des 19-jährigen Zyklus markiert sind, steht allen so deutlich vor Augen, daß es einer Erläuterung nicht bedarf: Die Goldene Zahl bezeichnet heute nicht die 1. Luna, sondern mehr als die 4. Luna.[xlix]

Johannes de Sacrobosco erzählt, daß Gamaliel, der Lehrer des Paulus,[l] und Eusebius von Cäsarea sowie Hieronymus versicherten, daß zur Zeit von Christi Geburt die 1. Luna auf den 10. Kalend April gefallen sei. Und da dort die Goldene Zahl I angezeichnet war, so ergibt sich, daß man damals durch den 19-jährigen Zyklus die Tage des Neulichts fest bestimmte. Welcher diesbezügliche Abstand heute vorliegt ist offensichtlich.[li]

Derselbe Johannes de Sacrobosco sagt, daß im Jahr 1235 die Antizipation bereits 3 Tage und 14 Stunden betragen habe; und dies berichtet er, indem er nach Komputistenart in einer freilich sehr groben Rechenweise für die 19 Jahre betragende Umkreisung 1 1/3 Stunden antizipiert,[lii] was mit Ptolemäus nicht genau übereinstimmt, sondern im Gegenteil fast 7 Stunden von ihm abweicht;[liii] nach Alfons aber geht heute die Konjunktion schon um 4 1/2 Tage und etwa 3 Stunden dem Ansatz der Goldenen Zahl voraus.[liv] Diese Abweichung ergibt sich aus dem Mißverhältnis, das zwischen 19 Sonnenjahren einschließlich des Vierteltages und den Umläufen der Konjunktionen besteht.[lv]

Nachdem nämlich die Griechen erstmals den Irrtum erkannten, den sie damit begangen hatten, daß sie den

Monat zu 30 Tagen ansetzten, stellten sie sich die Frage, ob man aus irgendeiner großen Anzahl von Sonnenjahren eine vollkommene, diesen Irrtum verbessernde Periode erhalten könnte. Zuerst versuchten sie es nach dem Bericht des Ptolemäus mit einem 8-jährigen Zyklus, indem sie errechneten, daß sich aus einer jährlichen Einschaltung von 11 1/4 Tagen – um diese Zahl nämlich, so behaupteten sie, reiche das Sonnenjahr über das Mondjahr hinaus – im 8. Jahr eine Übereinstimmung erzielen lasse. So erhielten sie bis zum 8. Jahr 90 Tage; infolgedessen fügten sie 3 Monate hinzu, nämlich je einen im 3., im 5. und im 8. Jahr.

Nun wurde man bei diesem Ansatz auf eine Differenz aufmerksam, daß nämlich mit genauerer Forschung die Länge einer Lunation mit 29 Tagen 31' 50'' 8''' 20'''' festgestellt wurde;[lvi] und so wird das Mondjahr, das 12 Lunationen enthält, auf 354 Tage und etwa 1/3 Tag (= 1/5 + 1/6) festgesetzt, so daß der Überschuß des Sonnenjahres 10 11/12 Tage beträgt.[lvii] Diese ergeben mit 8 multipliziert 87 Tage, die indes keine 3 Lunationen ausmachen. Daher entwarf hernach der Bischof Hippolytus einen Zyklus von 16 Jahren, der bei den Griechen Hexdekadrida heißt, ausgehend vom 1. Jahr des Kaisers Alexander,[lviii] und dieser bot dem Eusebius, der einen 19-jährigen Zyklus aufstellte, den man Enneadekadrida nennt, die Möglichkeit, eben einen solchen zu erfinden, wie Hieronymus in seiner Schrift über die berühmten Männer dartut.[lix]

Und diejenigen, die mit diesen Berechnungen zu tun hatten, machten die Erfahrung, daß die Enneadekadrida genauer war, da 19 Jahre 6940 Tage, also 235 Monate mit 7 Einschaltmonaten enthalten nach der Berechnung des Ptolemäus. Weil aber, wie derselbe

Ptolemäus ausführt, der Mond den Sonnenjahren einschließlich des Vierteltages in 19 Jahren 1/78 eines Tages noch hinzugibt, so erklärten die Anhänger des Philosophen Felix, daß auch 19 Jahre mit der Umkreisung nicht zusammenstimmen, sondern vielmehr 4 mal 19 Jahre, d.h. 76 Jahre. Und diese Umkreisung ist tatsächlich den wirklichen Verhältnissen besser angenähert, auch wenn sie der Wirklichkeit keineswegs entspricht. Da nämlich 19 Jahre mit den wirklichen Verhältnissen nicht übereinstimmen, so können dies zwangsläufig auch sämtliche Vielfache davon nicht tun. Wenn daher die Alten sich an Perioden von 4 mal 19, 5 mal 19 und schließlich gar 7 mal 19 Jahren versucht haben, so unterläuft doch in all diesen Perioden ein derartiger Fehler, der dann im Laufe der Zeit erkennbar wird.[lx]

Azarchel, der dem Ansatz des Ptolemäus folgt, legt in seinem Entwurf der Tafeln die Lunation mit 29 Tagen 31' 50'' fest. Infolgedessen besteht ein Mondjahr aus 354 Tagen und 22 Tagesminuten, eine Periode vollzieht sich in 30 arabischen Jahren, die 360 Lunationen mit 10631 Tagen enthalten. Dabei übergeht Azarchel die Tertien und Quarten, obgleich sich aus ihnen in einem längeren Zeitraum ein beachtlicher Unterschied ergibt.[lxi] Die 11 Tage aber, die in 30 Jahren der Araber aus jenen 22 Tagesminuten entstehen, werden Bisextiles genannt; wenn sie die Mitte überschritten haben, so wird ein Tag hinzugefügt.[lxii]

Daraus ergibt sich: Da 30 arabische Jahre für die Zurückführung der mittleren Konjunktionen auf den Anfang nicht ganz ausreichen, weil 19 Sonnenjahre, die weder in jenen aufgehen noch Vielfache von ihnen darstellen, gegenüber der wirklichen Länge der Periode einen unvermeidlichen Fehler aufweisen, so haben deswegen die 19 Jahre entweder 4 Bisextile – dann sind sie um 40' 50'' kleiner als 235 Lunationen; oder sie haben 5 Bisextile – dann sind sie um 19' 10'' größer als 235 Lunationen.[lxiii]

Da nun auf jenen Zyklus, der 4 Bisextile enthält, 3 Zyklen mit 5 Bisextilen folgen, so entsprechen lediglich 76 Jahre andern 76 Jahren, nicht aber 19 Jahre andern 19; und da 57 von jenen 76 Jahren 15 Bisextile enthalten und 705 Lunationen 57' 30'' hinzufügen, die restlichen 19 Jahre hingegen mit 4 Bisextilen um den Betrag von 40' 50'' kleiner sind als 235 Lunationen, so ergibt sich durch Subtraktion, daß 76 Jahre über ihre 940 Konjunktionen hinaus ein Mehr von 16' 40'' enthalten. 4 mal 76 Jahre würden einen Tag, 6 Minuten und 40 Sekunden länger sein als 3760 Lunationen, und so würde man nach 4256 Jahren im Kalender dort von Neumond sprechen, wo in Wirklichkeit Vollmond wäre.[lxiv] Wenn wir zudem mit Ptolemäus die Tertien, Quarten und Quinten berücksichtigen und die Zeit der mittleren Konjunktion durch die Zahl der Tage von 76 Jahren teilen, so verblieben nach 940 Lunationen noch 14' 32'' 13''' 46'''' 40''''', weil einer Entdeckung des Abrachis und Ptolemäus zufolge die Zeit der mittleren Konjunktion 29 Tage 31' 50'' 8''' 9'''' 20''''' beträgt. Und wenn im Almagest erklärt wird, daß möglicherweise in der Beobachtung ein Irrtum unterlaufen sei, so haben die Finsternisse uns dennoch den wahren Sachverhalt gezeigt.[lxv]

Aus alldem folgt also, daß 4 mal 76 Jahre um 58' 8'' 55''' 6'''' 40''''' größer sind als 3760 Lunationen. Entsprechend würde in 1520 Jahren die Antizipation 4d

20h betragen. *Wenn die Konjunktion nach 29 Tagen 31'*
51'' 3''' 40'''' 47''''' 14'''''' stattfinden würde, dann
liefe innerhalb von 76 Jahren eine vollständige Periode
ab. Da dies aber mit der Wirklichkeit nicht übereinstimmt,
sondern nur die oben erwähnte Ansetzung, so ist meine
Ausführung klar.

Daraus ergibt sich zweierlei: Daß erstens die im
römischen Kalender hinzugesetzte Goldene Zahl einen
ganz großen Irrtum enthält, und daß zweitens diese
Goldene Zahl aufgrund der heutigen Antizipation der
Neumonde vor Christi Geburt eingeführt worden ist, als
Julius Cäsar durch ein öffentliches Edikt den Befehl zur
Annahme des verbesserten Kalenders erteilte,[lxvi] da doch
der Irrtum, der aufgrund eines Fehlers der Priester erst
nach 36 Jahren durch Augustus, wie Solinus und
Macrobius mitteilen, erkannt worden ist, nur nach langer
Zeit an den Schwankungen der Äquinoktien und Solstitien
festgestellt werden konnte, da es sehr schwierig, ja fast
unmöglich ist, den wirklichen Zeitpunkt jener Eintritte zu
wissen. Ja sogar der Tag selbst könnte nur mit größter
Sorgfalt und mit großen Instrumenten ermittelt werden;
doch läßt sich der Irrtum hinsichtlich der Konjunktion
bezüglich eines Tages oder zwei leicht aus dem Anblick
des aufgehenden Mondes ersehen. Infolge dieses Irrtums,
so glaube ich, ist Augustus dazu veranlaßt worden, den
Überschuß durch den Sprung[lxvii] auszugleichen.[lxviii]

Auch besteht kein Zweifel daran, daß bereits vor
Christi Geburt der 19-jährige Zyklus den Umläufen
vorausgelaufen ist, wenn man liest, daß die Periode des
größten Zyklus von 532 Jahren, der sich aus der
Multiplikation des Sonnenzirkels von 28 Jahren mit der
Goldenen Zahl 19 ergibt, der Geburt Christi um 20 Jahre

vorangegangen ist, wie Johannes de Sacrobosco berichtet.[lxix]

Auch Anatolius, von dem weiter unten noch die Rede sein wird und der einen Mondzyklus zur Auffindung des Pascha berechnete, zeigt ganz deutlich, daß bereits in seiner Zeit – er verfertigte seine Tafel vor dem Jahr 300 der Inkarnation – die Antizipation der Konjunktionen seit der Zeit des Ansatzes der Goldenen Zahl einen vollen Tag betragen haben muß, da er beim Mondzyklus XIX und der Goldenen Zahl 3 auf den 25. März die Luna XXVI ansetzt, die aber ersichtlich die 26. Luna nicht sein würde, wenn der Tag der Konjunktion der Lage der Goldenen Zahl nicht um einen Tag vorausgegangen wäre.

Kapitel IV

Nachdem nun der Irrtum in der Anlage des Kalenders sichtbar geworden ist, treten wir an unser Anliegen näher heran, wobei zum fehlerhaften Termin der feierlichen Begehung des Paschasakraments folgendes zu bemerken ist: Erstens, daß es eine göttliche Vorschrift gibt über die Feier des Paschafestes an der 14. Luna des 1. Monats, d.h. des Monats der Erstlinge gegen Abend, und daß 7 Tage der ungesäuerten Brote eingesetzt sind (Leviticus 23 und Exodus 12). Zweitens, daß verschiedene Meinungen über diese Vorschrift in der Kirche Gottes entstanden sind derart, daß einige immer unterschiedslos am 6. April[lxx] feierten mit der Begründung, Christus sei an diesem Tag auferstanden,[lxxi] wobei diese Leute sich weder um den Mond noch um den Sonntag gekümmert haben, während andere - wie die Asianer und die Griechen (angeblich auf das Zeugnis von Johannes dem Evangelisten gestützt) – das Pascha immer an der 14. Luna begingen, gleichgültig auf welchen Tag diese nach dem Eintritt des Frühlingsäquinoktiums fiel,[lxxii] wie aus dem Brief hervorgeht, den der Bischof von Ephesus, Polykrates, an den Papst Victor in der Zeit des Severus geschrieben hat, von dem der heilige Hieronymus in seiner Schrift über die ausgezeichneten Männer einen Teil übernommen hat.

Die Römer folgten den Spuren von Petrus und Paulus und begingen die heilige Festzeit der Auferstehung nur am nächsten auf die 14. Luna folgenden Sonntag - in der Meinung, dies entspreche ganz der göttlichen Vorschrift. Pius, der 8. Papst nach Petrus, begründete dies und nach ihm Victor, der 13. oder 15. Papst nach

Petrus,[lxxiii] der laut Eusebius in den Zeiten des Konsulats des Commodus lebte, und durch ein Dekret dasselbe erneut bestimmte mit dem ausdrücklichen Hinweis darauf, er werde die andern, die es nicht so hielten, aus der Kirche ausschließen.[lxxiv]

Über diese Vorgänge spricht Eusebius ausführlich in seiner Kirchengeschichte und erzählt, daß um dieser Sache willen verschiedene Konzilien einberufen worden seien. So erzählt er, daß Irenäus, der Bischof von Lyon, und andere Bischöfe der gallischen Provinzen, so sehr sie sonst Papst Victor zustimmen würden, dennoch nicht gutheißen wollten, daß er wegen dieser Sache die Asianer von der allgemeinen Kirche abtrenne.[lxxv]

Damals ist auf Geheiß des Papstes Victor durch Theophilus im palästinischen Cäsarea ein Konzil[lxxvi] abgehalten worden, das in ähnlicher Weise bestimmte, daß Pascha immer an einem Sonntag zu feiern sei, und zwar weil der Sonntag der Tag der Weltschöpfung sei – es ist nämlich der 7. Tag des Sabbats, an dem mit Recht die Feier der Wiedergeburt begangen wird – und weil der Herr, der an diesem Tag auferstand, durch den Propheten sagte: „Dies ist der Tag, den der Herr gemacht hat". Hieronymus gedenkt in seiner Schrift von den berühmten Männern, da wo er über diesen Theophilus berichtet, der nach seiner Darlegung unter Severus gelebt hat, dieses Konzils mit Anerkennung. Trotzdem hörten diese Unterschiede nicht auf, bis auf dem ökumenischen Konzil in Nicäa dasselbe nochmals festgesetzt wurde. Bei diesem Entschluß verharrt die Kirche noch heute ohne Anfechtung und Zwietracht.[lxxvii]

Darauf entstand folgerichtig eine Meinungsverschiedenheit über die 14. Luna, indem einige verlangten, daß man, wenn der Tag der 14. Luna ein Sonntag wäre, an diesem das Pascha begehen müsse, und daß die Tage der ungesäuerten Brote bis zur 20. Luna ausgedehnt würden. Diese Meinung vertraten etliche, die – wie die Juden – auf den jüdischen Feiertag der 14. Luna das Pascha begingen. Und von denen, die diese Vorschrift so verstanden, hoben einige das Fasten an der 13. Luna auf, was unstatthaft war.

Andere, die das Fasten an diesem Termin nicht beseitigen wollten, fasteten an eben diesem höchsten Feiertag, sich darin dem Irrglauben der Manichäer anschließend. Doch wurden sie auf dem Konzil zu Nicäa[lxxviii] und auf zahlreichen andern Kirchenversammlungen als Tesseradekaditen verdammt, von denen Augustinus in seinem Häretikerkatalog handelt. Von diesen wird später noch die Rede sein. Weiter gab es einige, welche die Meinung vertraten, man könne Pascha an der 14. Luna feiern, dürfe aber die Feier über die 20. Luna hinaus nicht ausdehnen, was ganz im Einklang mit Exodus 12 ist: So auch jener hochgelehrte Bischof von Laodicea in Syrien, Anatolius von Alexandria, der unter Probus im Jahr 249 nach dem Leiden unseres Herrn[lxxix] eine Abhandlung über die Paschafeier verfaßte, da er, wie Eusebius und Hieronymus bezeugen, im Quadrivium[lxxx] sehr erfahren war.

Anatolius vertrat diesen Standpunkt wegen einer unterschiedlichen Berechnungsweise, da er nach hebräischer Sitte den Tag mit dem Abend beginnt, und behauptete, wenn die 14. Luna auf den Abend eintrete, so könne in der Frühe der Tag des heiligsten Festes begangen werden, falls es ein Sonntag wäre. Und wenn er erklärt, daß dieser Tag bis zum Abend der 14. Luna reiche, so gibt er zu, man könne an der 14. Luna das Pascha feiern, wobei er von vollständigen Lunationen spricht. Und so scheint er denn bloß dem Wort nach von andern abzuweichen, die behaupten, man dürfe unser Pascha nicht zusammen mit den Juden an der 15. Luna feiern.

Am Ende seines Werkes über die Geschichte der Angeln hat Beda einen Brief seines Abtes Ceolfried eingelegt, in dem dieser auf die Anfragen Naitons, des Königs der Britannen, über die Beachtung des Pascha Auskunft gibt. Dort heißt es: „Das Gesetz schreibt vor, daß die 3. Woche des 1. Monats die Phase der 15. Luna bis zur 21. Luna sei, wobei am Abend der 14. Luna die 15. Luna einsetzt, welches jene Nacht ist, in der das Volk aus Ägypten herausgeführt worden ist." Jene ganze Woche ist festlich und enthält die Tage der ungesäuerten Brote, was Beda selbst ausführlich an derselben Stelle nachweist.[lxxxi]

Auch diese Verschiedenheit ist in zahlreichen Konzilien erläutert worden; endgültig wurde die Sache aber erst auf der Kirchenversammlung zu Nicäa festgelegt[lxxxii] - dahingehend, daß das 1. Pascha, damit wir in der Feier weder mit den Juden zusammentreffen noch das Fest vor ihnen begehen, die 15. Luna des 1. Monats sei. Bezüglich der Feier, nämlich ob mit den Juden zusammen oder vor ihnen, hat es seit der Zeit jenes Konzils keinen Irrtum mehr gegeben, und ein solcher besteht auch gegenwärtig nicht.

Da es aber nur 7 Tage der ungesäuerten Brote gibt, erhob sich bei den Alten ein Zweifel, ob die Feierlichkeit über die 21. Luna hinaus ausgedehnt werden könne. Und mochten auch einzelne noch Bedenken haben, so hielt doch die Meinung aller Experten, die auf dem Konzil zu Cäsarea und durch den Papst Victor und hernach zu Nicäa zu allgemeiner Gültigkeit erhoben worden ist, daran fest, daß solches keineswegs erlaubt sei. Den Grund gibt Anatolius mit folgenden Worten an: „Die Vorschrift, die 7 Tage der ungesäuerten Brote zu beachten, wurde deshalb vom Herrn an Moses erlassen, damit in diesen Tagen keine Macht der Finsternis sich über das Licht erhebt. Denn wenn die Anfänge der Nächte noch dunkel sind, so erlaubt er dieses nicht bis zur Mitternacht vor dem Aufgang des Mondes. Es ist also erforderlich, daß der Mond in der Paschafestzeit den größeren Teil der Nacht erhellt. Deswegen kann man die 7 Tage der ungesäuerten Brote nicht zu weit hinaus schieben, damit nicht die Finsternis der Nacht das Licht des Mondes überwindet. Wenn nun also die Feier der Auferstehung das Licht ist, so kann sie unmöglich mit dem Sieg der Finsternis zusammenfallen und an ihm teilhaben. Deshalb werden diejenigen, welche die Feierlichkeit weiter hinausrücken, durch die Autorität der Heiligen Schrift ins Unrecht versetzt. Sie begehen das Verbrechen des Sakrilegs und der Halsstarrigkeit und laufen Gefahr für ihre Seelen, indem sie das wahre Licht, das über alle Finsternis gebietet, bei einer teilweisen Herrschaft der Finsternis darbringen. Daher schieben die, welche der göttlichen Vorschrift gehorchen, die Feier durchaus nicht über den Abend der 21. Luna hinaus."[lxxxiii]

Dasselbe erklärt die schon erwähnte Verordnung des Papstes Victor. Dies alles muß beachtet werden, da sich in unserer Zeit das Pascha nicht nur bis zur 21. Luna, sondern oft sogar bis zur 26. Luna erstreckt.[lxxxiv] Mit Recht also erwägen wir die Ausführungen des Anatolius, indem wir zugleich die Vorschriften Gottes, des Konzils von Nicäa und anderer Konzilien sowie solche der römischen

Päpste in schuldiger Ehrfurcht beachten. Damit nun ein so ungeheurer Irrtum in der Beobachtung des Pascha aus der allgemeinen Kirche entfernt werde, so muß die heilige Kirchenversammlung zu Basel, die sich zum Zweck der Reformation der Kirche zusammengefunden hat, vor allem darauf ihr wachsames Auge richten.[lxxxv]

Kapitel V

Folgerichtig ist daher die Absicht und Vorschrift der Alten zu erwägen, daß das Pascha im 1. Monat zu feiern sei, wobei derjenige Monat der erste ist, dessen Vollmond an das Frühlingsäquinoktium grenzt. Da gab es nun einige, die befanden, daß 7 Tage der ungesäuerten Brote der Feier unseres Pascha dienen würden. Diese Leute vertraten folgenden Standpunkt: Selbst wenn der Vollmond um einen Tag dem Frühlingsäquinoktium vorangehe, so könne man das Pascha feiern, sofern nur in die Zeit nach dem Äquinoktium vor die 21. Luna ein Sonntag falle. Das scheint die Ansicht des Anatolius gewesen zu sein, wenn er das Äquinoktium auf den 8. Kalend April ansetzt und schreibt: Wenn das Äquinoktium auf die 4. Ferie und die 16. Luna fällt, dieses also den Zeitpunkt der Opposition schon überschritten hat, dann soll man an der 20. Luna am 3. Kalend April das Pascha feiern.[lxxxvi] Wenn sodann die 15. Luna mit dem Äquinoktium zusammentrifft und als die 6. Ferie auf den 6. Kalend April fiele, dann findet das Pascha an der 17. Luna statt.[lxxxvii]

Diese Meinung des Anatolius indes, mögen andere damals auch an ihr festgehalten haben, wurde von der Kirche nicht angenommen. Daher berichtet Dionysius Exiguus in seinem Brief an Bischof Petronius, das Konzil von Nicäa habe bestimmt, daß die 14 Lunen, die dem Frühlingsäquinoktium vorangehen, zum letzten Monat gehören sollten und nicht zum ersten; es sei deshalb notwendig, die nächstfolgende Lunation abzuwarten. Dasselbe liest man im Prolog von Isidors Werk über die Konzilien, wo die Festsetzung des Pascha durch das nicäische Konzil angeführt wird. Die Satzung entsprach der göttlichen Vorschrift, die uns Christen zwingt, daß wir wenigstens im 1. Monat der Erstlinge innerhalb der Tage der ungesäuerten Brote mit den Juden zusammentreffen.[lxxxviii]

Man muß außerdem folgendes wissen: Da mit dem Pascha das Sakrament der Wiedergeburt gefeiert wird, wurde von den Vätern auf dem Konzil von Cäsarea entschieden, daß diesem allerheiligsten Mysterium die Zeit der Frühlingstagundnachtgleiche entspreche, weil nach dem Zeugnis der Heiligen Schrift der Weltbeginn in den Frühling gefallen sei; sie berichtet nämlich, die Erde habe grünes Kraut aufsprießen lassen. Für den Zeitpunkt des Frühlingsäquinoktiums aber zeugt die zu gleichen Teilen erfolgte Scheidung von Licht und Finsternis, die außerhalb der Tagundnachtgleichen so nicht stattfindet. Und zudem herrschte Vollmond, weil, wie die Schrift sagt, der Mond beim Beginn der Nacht leuchtete; deshalb war er gewiß voll.[lxxxix] Auch der heilige Cyrillus erklärt in seinem Brief an Valerius und die ganze Kirchenversammlung zu Karthago,[xc] daß Christus an dem Tag gestorben sei, an dem er empfangen wurde, und daß er an jenem Tag durch seinen Tod die Wiedergeburt vollzog, an dem Adam, der von Gott geschaffen war, sündigte. Wie daher in Adam alle an jenem Tag gestorben sind, so sind durch den Tod Christi alle wieder zum Leben erweckt worden.[xci] Daher muß dieses Fest mit großer Sorgfalt behütet werden.[xcii]

Die Alten aber wollten nicht, daß das Pascha am Tag des Äquinoktiums begangen wurde, sondern erst danach, da sie gelesen hatten, daß dies so schon vor Christi Ankunft befolgt worden sei. Denn der Jude Philo,

Josephus und deren ältere Vorgänger Agathobul und dessen Schüler Aristobul aus der Stadt Paneas – er war einer der 70 Übersetzer -, sie alle vertreten die Ansicht, daß das Paschaopfer erst nach der Tagundnachtgleiche erbracht werden müsse.[xciii] Aristobul fügt nach dem Bericht des Anatolius hinzu, man müsse Pascha feiern, wenn beide Lichter den Punkt der Tagundnachtgleiche überschritten hätten, d.h. wenn die Sonne zum Sommersolstitium aufsteigt und der Mond nach seiner Opposition von der Waage, dem Tierkreisbild des Äquinoktiums,[xciv] zum Wintersolstitium absteigt. Es muß dies nämlich deswegen geschehen, damit die Macht der Finsternis besiegt ist und der Tag um wenigstens einen geringen Teil länger ist als die Nacht.

Ebenso äußert sich Origenes – nach Anatolius' Worten der in der Jahresberechnung scharfsinnigste Mann – in seinem ausgezeichneten Büchlein über das Pascha: Man müsse beim Mysterium des Pascha außer auf den Vorübergang der Tagundnachtgleiche auch auf den beginnenden Aufstieg der Sonne über die schändliche Hinterhältigkeit der Finsternis achten. Dann nämlich wird das Fest des wahren Lichts der Sonne der Gerechtigkeit begangen, wenn sie siegreich emporsteigt, um das Dunkel der nächtlichen Ärgernisse zu unterdrücken.[xcv]

Aus diesen Darlegungen ergibt sich nunmehr deutlich der Grund, warum die Väter auf der Synode von Nicäa und ihre Vorgänger den Tag nach dem Äquinoktium als das 1. Pascha bezeichneten. Weil nun die Väter des Konzils von Nicäa die Tagundnachtgleiche um den 12. Kalend April herum ansetzten, bezeichneten sie den 11. Kalend April als das 1. Pascha.[xcvi]

Entsprechend handelten auch deren Vorgänger, die das Äquinoktium auf den 8. Kalend April ansetzten und das 1. Pascha auf den 7. Kalend April legten. Aus all dem ergibt sich deutlich, daß unsere Väter in der Meinung zusammentrafen, daß unser Pascha im Monat der Erstlinge, in dem, wie Ambrosius in seinem Brief an die Bischöfe in der Emilia erklärt, in Ägypten die neue Ernte eingebracht wird, nach dem Frühlingsäquinoktium an einem Sonntag von der 15. bis einschließlich der 21. Luna gefeiert werden muß. So künden es die Anordnungen vieler Konzilien, besonders Nicäa, aber auch Antiochia, Cäsarea, Alexandria und andere.[xcvii] Auch Dionysius Exiguus berichtet im erwähnten Brief von diesen Bestimmungen, die mit den schärfsten Strafen, und zwar mit voller Billigung des Kaisers Konstantin, geschützt worden sind: Den Geistlichen drohte die Absetzung und den Laien die Verbannung.

Kapitel VI

Eine Frage bleibt nun übrig, die bezüglich des Verständnisses noch ziemlich große Schwierigkeiten macht: Ob nämlich an jeder 15. Luna, die unmittelbar dem Frühlingsäquinoktium folgt, das Pascha gefeiert werden muß, wenn auf diesen Tag ein Sonntag fällt, oder in den darauf folgenden 7 Tagen, wenn jener kein Sonntag gewesen ist. Zunächst entdecke ich, daß die Alten zwischen den Gemeinjahren mit 12 Lunationen und den Zwischenjahren mit 13 Lunationen einen Unterschied anmerkten. Denn der heilige Cyrillus erklärt in einem seiner Briefe, daß das Jahr dem heiligen Moses geoffenbart worden sei, und daß von dem Pascha eines Gemeinjahres bis zum Pascha des folgenden Gemeinjahres 354 Tage gezählt würden, während zwischen dem Pascha eines Gemeinjahres und demjenigen eines Zwischenjahres 384 Tage vorhanden seien.

Bischof Pascasius, der Vorsitzende des Konzils von Chalcedon,[xcviii] vertritt in seinem an Papst Leo gerichteten Schreiben, in dem er über das Pascha handelt, die Ansicht, man müsse im Konsulatsjahr des Antonius und Syagrius, obwohl der 7. Kalend April ein Sonntag sei und auf die 21. Luna falle, da es sich um ein Zwischenjahr handle, nicht an dem bezeichneten Datum, sondern am 9. Kalend Mai, der 18. Luna, das Pascha begehen. Und indem er davon Rechenschaft geben will, bezieht er sich auf die rechtmäßige Berechnung der Juden mit dem Hinweis, daß die Römer, weil ihnen diese Rechnung nicht bekannt sei, leicht in einen Irrtum gerieten; er setzte hinzu, daß der 8-

jährige Zyklus, der mit dem Konsulatsjahr der berühmten Männer Aetius und Sigilbertus begonnen habe, damals abgelaufen sei.[xcix]

Zum selben Punkt erklärt Cyrillus in seinem Schreiben an die Synode von Karthago, man müsse auf die rechtmäßige Rechenweise der Juden in den Gemein- und Zwischenjahren zurückgreifen, um den 1. Monat der Erstlinge in Übereinstimmung mit der dem heiligen Mönch Pachomius durch einen Engel überlieferten Regel zu wissen, wobei er hinzusetzte, man dürfe in einem Zwischenjahr Pascha niemals im März feiern.

Es erhellt hieraus, daß bei Zwischenjahren die Alten den 8-jährigen Zyklus und die Rechenweise der Juden berücksichtigt haben. Da nun aber der 19-jährige Zyklus dazu nicht stimmt, haben sie sich nicht mit seiner Hilfe um die Sache bemüht. Daher müßten laut Pascasius in einem Zwischenjahr erst 13 Lunationen vollständig ablaufen; die darauf folgende Lunation sei dann die des 1. Monats. Er erläuterte den Irrtum an einem Beispiel, wie man im Konsulatsjahr des Honorius und Constantinus zur Zeit des Papstes Zosimus, da man das Pascha am 10. Kalend Mai vermeiden wollte, dieses am 8. Kalend April begangen hat; damals wurde ein Gemeinjahr anstelle eines Zwischenjahres angenommen.[c] Dieser ungeheuerliche Irrtum wurde durch das Wunder der meletinensischen Quelle offenbar, die für die Christen, die getauft werden sollten, durch göttliches Geschenk am jährlichen Paschafest überzufließen pflegte. Als in jenem Jahr die zu Taufenden am 8. Kalend April zusammenströmten, hatte die Quelle kein Wasser, am 10. Kalend Mai aber floß sie über. Daraus ergibt sich, daß die Zwischenjahre beachtet werden müssen, so daß dann von Pascha zu Pascha 384 Tage gezählt werden.[ci]

Man muß also beachten, in welchen Jahren eine Schaltung läuft. Gemäß Anatolius und den alten Ägyptern, die den 19-jährigen Zyklus so anwandten wie noch heute die Griechen und die Hebräer, sind das 3., 6., 8., 11., 14., 17. und 19. Jahr des Mondzyklus Zwischenjahre. Indes sagt Dionysius Exiguus in seinem Brief an die Staatssekretäre Bonifacius und Bonus, daß die Zwischenjahre nach dem 8-jährigen und 11-jährigen Zyklus wiederkehrten, wobei er bemerkt, daß das 1. Jahr des 19-jährigen Zyklus, das wir als die Goldene Zahl bezeichnen, das 17. Jahr des Mondzirkels ist. Er erklärt weiter, daß die Zwischenjahre des 19-jährigen Zyklus in der gleichen Weise das 3., 6., 8., 11., 14., 17. und 19. Jahr seien.[cii]

Wenn aber der 19-jährige Zyklus sich vom Mondzyklus unterscheidet, dann liegt ein Zwischenjahr vor, so z.B. im 8. Jahr des 19-jährigen Zyklus, das nach den Hebräern und Griechen kein Zwischenjahr ist, da nach dem Mondzyklus diesem 8. Jahr das 5. Jahr entspricht. In gleicher Weise fällt ihm zufolge auf das 19. Jahr des Goldenen Zyklus ein Zwischenjahr, was es bei den Hebräern nicht ist, wo es das 16. Jahr ist. Aus dieser Verschiedenheit in der Schaltung folgt offenbar, die Hebräer würden dann im 12. Monat feiern, wie auch Ambrosius in jenem Brief an die Bischöfe der Emilia meinte, obgleich sie nach ihrem Zyklus das Fest im 1. Monat begehen.

Sodann erklärt Abraham ebn Ezra: Zwar ergibt sich bei den Goldenen Zahlen 9, 8 und 19 zwischen Christen und Juden bezüglich der Schaltung ein Unterschied.

Trotzdem wird davon die Paschalgrenze nicht berührt, wenn die Goldene Zahl 9 ist; hingegen ändert sie sich, wenn 8 oder 19 die Goldene Zahl ist. Dieser Unterschied gegenüber dem Pascha der Juden beträgt zuweilen 36 Tage, wobei dann doch unser Pascha immer innerhalb der Tage der ungesäuerten Brote liegen müßte, wie sich aus dem bisher gesagten ergibt und aus Bedas Buch über die Zeiten; *und immer müßte in die 3. Woche des 1. Monats die 15. bis 21. Luna fallen, wie in vollendeter Klarheit Abt Ceolfried an König Naiton schreibt.*

Hier zeigt sich nun ein anderer Fehler in der Beobachtung des Paschafestes infolge des Unterschieds der Schaltungen an den beiden genannten Stellen, und man muß sich ziemlich wundern, daß man unsererseits dem Dionysius gefolgt ist, wo doch die spezifisch griechischen Bezeichnungen Ogdoas, Hendekas und Enneakaidekaeteris[ciii] hinreichend deutlich hätten zeigen können, daß wir uns bei der Feststellung der Schaltungen dem Mondzyklus der Griechen hätten anschließen müssen. Die Griechen wenden ihn noch heute an, wie ich aus einem Buch im Besitz des ehrwürdigen Abtes Isidor ersehen habe, aus dem ich mir einen Auszug mit den Paschagrenzen der Griechen angefertigt habe.

In ähnlicher Weise wird auch in den persischen Tafeln, die ich nach einem Buch Isidors ins Lateinische übertragen habe, der Mondzyklus zur Grundlage gemacht und nicht die Goldene Zahl - nämlich dort, wo gelehrt wird, wie man die Tage der Konjunktion in ihren durch 19 Jahre hindurch abweichend gelegenen Stellen auffindet; auch wird dort angemerkt, wie dieser an den römischen Kalender anzuschließen ist. Und es besteht kein Zweifel, daß der Zyklus, der auf dem Konzil von Nicäa zur

Auffindung der paschalen 14. Luna dem Kalender hinzugesetzt worden ist, der griechischen Beobachtung des Mondzirkels entsprach; alle Griechen verwenden ihn seit jeher. Ich glaube daher, daß der Unterschied in den Schaltungen unüberlegt entstanden ist, als die Lateiner den Goldenen 19-jährigen Zyklus, der ihnen angeblich von den Chaldäern gebracht worden ist, benutzt haben und dazu die Schaltregeln der Griechen, wobei sie diese aber der Goldenen Zahl anpaßten, gerade so, als handle es sich um eine Zahl des Mondzyklus, wo es doch der 19-jährige Zyklus war.[civ]

Es konnte dies vor allem darum geschehen, weil unterschiedslos jeder der beiden Zyklen von den Alten als 19-jähriger Zyklus bezeichnet wird. Indes ist diese Schwierigkeit in den Schaltungen fehlerlos mittels einer einfachen allgemeinen Regel durch das Konzil von Nicäa dadurch beseitigt worden, daß nämlich die dem 12. Kalend April vorangehende 14. Luna dem alten Jahr zuzurechnen sei.

Kapitel VII

Weil also die Alten sich vornehmlich auf zwei Irrtümer stützten, nämlich erstens, daß das Frühlingsäquinoktium fest auf einem bestimmten Tag liege, und zweitens, daß 19 Sonnenjahre eine vollkommene Periode der Lunationen enthalten würde, so gründeten sie darauf auch ihre Anordnungen bezüglich der Feier des Pascha. Von daher stammt der Fehler.

Und obwohl die Ansichten über das Frühlingsäquinoktium schwankend waren, etwa daß die älteren Gelehrten bis auf Anatolius wähnten, es falle auf den 8. Kalend April – *wie im Anschluß an Julius Cäsar auch Plinius Secundus, Anatolius und Isidorus im Buch der Etymologien um 600 anno Christi[cv]* -, andere hingegen, das Äquinoktium liege auf dem 12., noch andere nannten den 15. (infolgedessen waren auch die Ansichten über den paschalen Mond schwankend, indem die Griechen, für die das Äquinoktium am 8. Kalend war, die auf den 4. Idus März nächstfolgende Lunation beobachteten, die Lateiner hingegen, die annahmen, das Äquinoktium finde am 15. Kalend statt, warteten die nach dem 3. Nonus März eintretende Lunation ab, und die Ägypter, für die die Tagundnachtgleiche auf den 12. Kalend fiel, beobachteten die erste nach dem 8. Idus März eintretende Lunation), so nahm dennoch die heilige Synode von Nicäa die Methode der Ägypter an und setzte fest, daß derjenige Mond für das Pascha maßgebend sei, der zwischen dem 8. Idus März und dem Nonus April aufgeht, die 14. Luna aber soll diejenige sein, die in der Zeit zwischen dem 12. Kalend April und dem 18. Mai[cvi] erscheint, worüber sich Isidorus im Prolog zu den Konzilien ausläßt.

In gleicher Weise ist auf dem Theophiluskonzil zu Cäsarea, das zur Zeit des Papstes Victor abgehalten worden ist, eine Festsetzung getroffen worden, die besagt, daß das Pascha zwischen dem 11. Kalend April und dem 7. Kalend Mai zu feiern ist, also weder vorher noch nachher, weil niemandem erlaubt wird, diese Datumsgrenzen zu überschreiten. Wenn nun innerhalb der besagten Grenzen die 15. bis 21. Luna auf einen Sonntag fällt, dann soll das heilige Pascha gefeiert werden.

Infolgedessen erklärt der alexandrische Bischof Morinus, daß auf den 12. Kalend April das Frühlingsäquinoktium und der Beginn des Jahres falle; vor diesem Tag ist es keinem Juden, Griechen oder Lateiner erlaubt, das Pascha zu feiern.[cvii] Vielmehr lautet Gottes Vorschrift dahin, daß es nach dem 12. Kalend April von den 7 Graden der Kirche[cviii] gefeiert werden soll. Die Väter des nicäischen Konzils aber zeichneten die 14. paschale Luna durch die 19 voneinander abweichenden Erscheinungsdaten auf, und zwar, wie Dionysius an Petronius schreibt, ohne im Besitz eines 19-jährigen Zyklus zu sein, der vollkommen in sich zurücklief, mit weltlicher Gelehrsamkeit, aber vom Heiligen Geist erleuchtet; doch laut Victorius allein aufgrund der erstrangigen Erfindung der Ägypter.

Der alexandrische Bischof Proterius aber läßt sich in seinem an Papst Leo gerichteten Schreiben so vernehmen: „Unsere allerseligsten Väter, die den 19-jährigen Zyklus zuverlässig aufstellten, den zu verletzen so unmöglich ist wie ein Fundament, zeichneten durch die Gnade des Heiligen Geistes in die Periode dieses Zyklus die paschalen 14. Lunen mit großer Sorgfalt ein."[cix] An diesen nach dem Mondzyklus ausgerichteten Grenzdaten halten die Griechen bis zum heutigen Tag fest:

Jahr des Mondzyklus   Datum der 14. Luna

2. April
22. März
10. April
30. März
usw.

in der Weise, wie ich es in dem griechischen Buch aus dem Besitz des gelehrten Abtes Isidor, des Abgesandten des Kaisers und des Patriarchen von Konstantinopel, gesehen und abgeschrieben habe. Und alle nachfolgenden Gelehrten, z.B. Anastasius, Theophilus, Cyrillus usw., die in großer Zahl Zyklen aufgestellt haben, sind von der Festsetzung dieser Kirchenversammlung nicht abgewichen.

Um die noch herrschenden Differenzen zu beseitigen, wurde die Anordnung getroffen, daß dieser Tag vom Patriarchen von Alexandria, da die Ägypter in der Berechnung den andern weit überlegen waren, dem römischen Papst mitgeteilt werden müsse und daß jener diese Mitteilung an die Erzbischöfe und diese an die Provinz weiterzugeben hätten. Man liest darüber mancherlei Bestimmungen von verschiedenen Konzilien. Später nahm der ganze Klerus die Paschagrenzen an, wie sie das Konzil zu Nicäa festgesetzt hatte, weil niemand mehr zum Priesteramt zugelassen wurde, der von dieser

Berechnung nichts wußte; und dann hörte irgendwann die Benachrichtigung auf.[cx]

Zusammenfassend können wir folgendes feststellen: In den Terminen des Neumondes und der Festsetzung der vom Mond abhängigen Feiertage ist unser Kalender verkehrt, vor allem wegen seiner falschen Grundlage, und zwar in einem solchen Grad, daß das Pascha in manchen Jahren von seinem wahren Datum um 36 Tage verschieden ist und noch häufiger um 7 Tage, wie es öfter auch über die 21. bis zur 26. Luna hinausrückt. Da solches den gesetzlichen Vorschriften und der Absicht der Väter zuwiderläuft, gereicht es auch zu einem Ärgernis im Glauben. Denn Albertus sagt, daß die Feinde des Glaubens auch darüber frohlocken, da sie aufgrund dieses Irrtums höhnen, daß wir in derselben Weise auch in andern Dingen irren würden.

Infolgedessen muß die gegenwärtige heilige Synode sorgfältig ihre Zeit der Kalenderverbesserung widmen, da bei der Paschafeier, wie schon der heilige Ambrosius erklärte - auch wenn es sich sonst für Christen nicht gezieme -, Tage und Neumonde abergläubisch zu beachten seien und die Beobachtung des Mondes und der Zeit gemäß der Vorschrift notwendig sei, weil jene Zeit, die mit der Vorschrift zusammenstimmt, eine Gott willkommene Zeit ist. Es sind dies die Tage des Heils, die keinen Anstoß erregen dürfen; in ihnen will Gott mehr versöhnt werden als sonst und denen, die ihn versöhnen, mehr Gnade gewähren.[cxi]

Kapitel VIII

Zuletzt haben wir die Frage der Verbesserung des Kalenders zu betrachten. Da wir bei der Verbesserung selbst auf zwei einstmals richtige Dinge zu achten haben, nämlich darauf, daß der Tag der Konjunktion durch die Goldene Zahl angezeigt wird und das wahre Pascha in die Zeit nach dem 12. Kalend April fällt, und wir für die Zukunft einen Irrtum vermeiden müssen, so wäre es – um die Tage der Konjunktionen aufgrund der Goldenen Zahl zu kennen - zuerst erforderlich, die ursprüngliche Lage der Goldenen Zahl zu betrachten. Diese hätte nämlich von Anfang an besser angesetzt werden können, um die Konjunktion richtiger anzuzeigen.[cxii]

Und obgleich für die Verbesserung des Ansatzes mehrere Arten überliefert wurden, so würde man doch auf der erwähnten Grundlage des Abstandes zweier Konjunktionen eine solche Verbesserung in bestmöglicher Weise zur Verfügung haben, wobei ich unterstelle, daß der Ansatz jeder einzelnen Zahl richtig festgelegt worden ist, so daß man durch Addition von 29 Tagen, 12 Stunden usw. wiederum die gleiche Zahl erhalten würde; doch möchte ich mich über diese Art der Verbesserung für den Augenblick nicht weiter verbreiten.[cxiii]

Weil aber heute, nachdem die Goldene Zahl mit einer gegen die wahre Lage unterschiedlichen Ansetzung zugrunde gelegt worden ist und die 1. Luna, wie sie sich am Himmel zeigt, in der Berechnung des Kalenders mehr als die 4. Luna ist, so müßte man zu seiner Verbesserung die Goldene Zahl selbst tilgen und durch Antizipation auf den wahren Tag des Neulichts zurückführen.[cxiv] Auch diese Art der Verbesserung ließe sich nicht leicht bewerkstelligen, weil dann alle Bücher[cxv] auf der Welt abgeändert werden müßten und zudem, bevor noch die veränderte Berechnung im täglichen Gebrauch von den Laien begriffen würde, ein noch größerer Fehler entstehen könnte *und es zuweilen passieren würde, daß die Septuagesima vor die Oktav von Epiphanias[cxvi] fiele und das Verkündigungsfest mehr als 10 Tage nach Pascha usw.*

Indes könnte man die Verbesserung auch anders durchführen ohne die Bücher abzuändern. Da das Vorlaufen der Konjunktion von der Stelle des ursprünglichen Ansatzes der Goldenen Zahl in unserer Zeit bereits bis zum 5. Tag reicht, so würde, wenn man von der Goldenen Zahl 5 abziehen und den Rest zur Goldenen Zahl machen würde, eine in dieser Weise verbesserte Goldene Zahl den der Konjunktion nächstliegenden Tag anzeigen. Addiert man dann zu dieser Goldenen Zahl die Zahl 10 hinzu (unter Abzug der Zahl 19, wenn sich bei der Addition eine höhere Summe als 19 ergibt), so würde die so entstandene Zahl im Kalender den Tag der Opposition angenähert anzeigen. Da auf diese Weise durch Abänderung der laufenden Goldenen Zahl in eine andere verbesserte Zahl der Kalender seinem Bestand nach gewahrt bleiben würde, so würde man angenähert die Tage der Konjunktionen und Oppositionen erhalten, und dies gerade zu unserer Zeit, da die Antizipation sich bereits bis zum 5. Tag ausdehnt.

Zu einer andern Zeit aber, zu der sich die Antizipation auf weniger oder mehr Tage erstreckt, könnte in dieser Weise die Verbesserung nicht durchgeführt werden, wenn die Bücher so blieben, wie sie jetzt sind. Von „angenähert" aber spreche ich deswegen, weil nicht immer entsprechend dem ursprünglichen Ansatz der Goldenen Zahl diese verbesserte Zahl genau auf den Tag zutrifft, an dem die Konjunktion stattfindet, auch wenn der Abstand niemals einen vollen Tag beträgt.

Aber diese Methode der Kalenderberichtigung ist zwecklos, weil man mit ihrer Hilfe den genauen Tag der Konjunktion und der Opposition nicht ermitteln kann, und zwar deshalb, weil die um 5 verminderte Zahl nicht regelmäßig auf den 5. Tag von der Zahl, die um 5 vermehrt ist, angesetzt wird, sondern weit öfter auf den 6. Tag; so kann auch die Zahl, die um 10 vermehrt ist, nicht immer auf den nächstzehnten Tag angesetzt werden.

Auch wenn die Antizipation von der Stelle der ursprünglichen Ansetzung mit der Goldenen Zahl gleich ist, so ergibt sich deutlich, daß man auf diesem Weg nicht zu einer Verbesserung gelangen kann. Wenn man daher mit Hilfe einer verbesserten Goldenen Zahl oder durch Abänderung der laufenden Goldenen Zahl in eine andere, die den Tag der Konjunktion genauer anzeigt, den Kalender berichtigen müßte, so wäre die letztere Art genauer; trotzdem ist sie zwecklos und nur die Quelle noch größerer Fehler, wie man leicht erkennen kann.

Man muß nun folgerichtig beachten, daß sich noch andere ähnliche Methoden ausfindig machen ließen. So etwa wenn man in irgend einem Jahr den Bisextil ausließe und in diesem Jahr die Goldene Zahl durch Addition von 3 abändern würde. Beispielsweise würde der Bisextil im Jahr 1440 ausgelassen werden. Die Goldene Zahl des Jahres ist 16; würde man 3 addieren, so wäre im Jahr 1440 die Goldene Zahl 19, im folgenden 1, dann 2 usw. Diese

Goldene Zahl würde den Tag der Konjunktion anzeigen. Doch ist diese Regel nicht genauer als die zuvor genannte. Wenn man nämlich 2 Bisextile auslassen und zu der wahren Goldenen Zahl 11 hinzuzählen würde, dann würde auf diese Weise eine berichtigte Zahl entstehen von genau derselben Richtigkeit wie die nach den vorgenannten Methoden ermittelten Zahlen. Und wenn man alle 16 Jahre 4 Bisextile auslieẞe, so würde die Goldene Zahl den Tag der Konjunktion anzeigen. Von all den genannten Methoden könnte man letztere am ehesten anwenden, weil sie geringeren Irrtum und geringere Gefahr birgt.

Indessen scheint keines der bisher besprochenen Verfahren unserem Vorhaben zu entsprechen, weil sich aufgrund der Auslassung eines Bisextils im Volk ein Ärgernis erheben und durch die Methode der Auffindung des Sonntagsbuchstabens eine Neuerung entstehen würde.[cxvii] Auch würde unser Kalender nicht zu einer Verbesserung geführt werden, weil offensichtlich durch keine dieser Methoden die alten Regeln der Paschabeobachtung von neuem in ihrer Wahrheit erwiesen worden wären; man müßte im Gegenteil neue Regeln über die Feste aufstellen, und mancherlei anderes hätte zu geschehen, was irgendwann einmal mehr entstellen als wiederherstellen würde.

Wenn somit eine volle und vollkommene Wiederherstellung des Kalenders stattfinden soll, dann kann man nichts besseres erfinden als den Kalender auf einen Stand zurückzuführen, so daß die in den heiligen Konzilien überlieferten Regeln der Alten zur Wahrheit zurückkehren - um so mehr, wenn dies behutsam, leicht und richtig bewerkstelligt werden kann. Und vielleicht läßt sich keine leichtere und richtigere Weise ausdenken, als unter Auslassung einer Woche die Goldene Zahl in den Mondzyklus zu verwandeln. Verfahren wir nämlich in dieser Weise, dann ist unser Kalender auf die Richtigkeit der alten Regeln und die Fortsetzung der heiligen Synode von Nicäa hinsichtlich der Paschafeier und aller andern beweglichen und unbeweglichen Feste zurückgeführt. Und die Zahl, die bisher die Goldene genannt worden ist, wäre von dann an diejenige des Mondzyklus und müßte einen andern Namen erhalten, z.B. „Goldener Zyklus". Er würde besser und richtiger den Tag der Konjunktion anzeigen als selbst die Goldene Zahl zur Zeit des Konzils von Nicäa diesen angezeigt hat; ja, unser Kalender wäre dann sogar richtiger als er jemals gewesen ist.

In der Praxis müßte man bei dieser Verbesserung folgendermaßen vorgehen. Im Jahre Christi 1439 fällt das Pfingstfest auf den 24. Mai, und weil Pfingsten ein bewegliches Fest ist, überlegt die Allgemeinheit nicht, auf den wievielten Tag es fällt. Man möge daher an irgendeinem Tag des Jahres 1437 durch ein öffentliches Dekret bestimmen, daß der 24. Mai des Jahres 1439, auf den das Pfingstfest fällt, als der letzte Tag des Mai angenommen werden soll und der 1. Juni als der 2. Pfingsttag zu gelten habe, und daß von da an die bislang als Goldene Zahl bezeichnete Zahl der Mondzyklus sei und nunmehr Goldener Zyklus heiße, der für dieses Jahr 12 sein müßte, für das folgende 13 usw.[cxviii]

Dann ist der Kalender wieder zurückgeführt auf die Regeln des nicäischen Konzils, da der griechische Kalender von Nicäa keinen andern Zyklus zur Grundlage hatte als den 19-jährigen Mondzyklus. Und jener Zyklus wurde dem Kalender hinzugefügt, um die Lunationen und den paschalen Vollmond zu erhalten; und vom 8. Idus

März bis zum Nonas April müßte, so setzte es das Konzil fest, der paschale Neumond gesucht werden, und es sei das 1. Pascha am 11. Kalend April.[cxix]

So kehrt nun alles infolge dieser Verbesserung zur Wahrheit zurück und ohne eine Änderung der Bücher. Denn wo hernach im Kalender stets die Zahl des Goldenen Zyklus gefunden wird, zeigt sie den Tag der Konjunktion an, und es kann dann nicht das wahre Pascha vor den 11. Kalend April oder außerhalb der 7 Tage der ungesäuerten Brote fallen, so daß nach der Tagundnachtgleiche Hebräer, Griechen und Lateiner das Pascha einmütig und der gesetzlichen Vorschrift entsprechend feiern werden.

Dann werden Hebräer, Griechen und Lateiner sich auch eines Zyklus und derselben Schaltregeln bedienen, und die Zurückführung des römischen Kalenders auf die Regeln der Väter wird nicht wahrer und leichter vor sich gehen können. Der Kalender wird bei den Lateinern sogar wahrer sein als er je gewesen ist, weil die Lateiner, die sich stets der vor Christi Geburt ihrem Kalender angefügten Goldenen Zahl anstelle des Mondzyklus bezüglich der Zwischenjahre bedient zu haben scheinen, wegen der Gleichartigkeit des 19-jährigen Zyklus in bestimmten Jahren immer von den Griechen und Hebräern abgewichen sind, wie oben gezeigt wurde. Diese Verschiedenheit wäre dann beseitigt, *und das Geburtsfest des Herrn und das Johannes des Täufers würden annähernd wieder zu den Solstitien zurückkehren, in deren Nähe sie sich zur Zeit des Konzils von Nicäa befanden.*[cxx]

Kapitel IX

Damit die Richtigkeit dieses Vorschlags deutlich erkannt werde, steht zunächst bezüglich des Tages der Konjunktion folgendes fest: Die Antizipation beträgt zurzeit 4 Tage und 15 Stunden. Da nun die Zahl des Mondzyklus um 3 Tage kleiner als die Goldene Zahl angesetzt wird, so ist klar, daß die Antizipation der Lunationen vom Mondzyklus heute 7 1/2 Tage beträgt. Wenn daher 7 Tage abgezogen oder übersprungen werden, dann kehrt die Konjunktion wieder zum Tag ihres Ansatzes im Goldenen Mondzyklus zurück.

Aber auch aufgrund der mit Hilfe der Tafeln angestellten Berechnungen kann der genannte Vorschlag bestehen. Besonders beweisen ihn die griechischen Tafeln der Perser, die ich zum Gebrauch in unserem lateinischen Bereich redigiert habe. Da diese Tafeln zur Auffindung des Neulichts im Kalender den Mondzyklus fast an allen Stellen im Einklang mit unserem Vorschlag ansetzen – ich sage fast, weil einmal infolge der vor alters erfolgten unvollkommenen Ansetzung der Goldenen Zahl ein Unterschied aufgefunden wird, auch wenn dieser im 18. Mondzirkel im März nur einen Tag beträgt, verglichen mit unserer verbesserten Ansetzung, welche verlangt, daß er auf den 16. Tag, nach den Persern freilich auf den 15. Tag angesetzt wird. Indes braucht dies niemanden zu kümmern, weil die beweglichen Feste, vor allem Pascha, von dem hier hauptsächlich die Rede ist, deswegen noch nicht einem abweichenden Ansatz unterliegen, auch wenn die Ansetzung gemäß den Persern in diesem 18. Zyklus der Wahrheit mehr entspräche.

Es sei D der Sonntagsbuchstabe und 18 der Goldene Zyklus. Wenn die Ansetzung der Perser richtig wäre, so würden wir nach unserem Kalender das Pascha 8 Tage später feiern. Doch würde die 22. Luna auch dann nicht überschritten werden. Auch träte solches nicht vor dem Jahr Christi 1635 ein, in dem der Sonntagsbuchstabe D mit dem Mondzyklus 18 zusammenfallen würde. Ich sage, wenn die Ansetzung der Perser richtig wäre, gemäß der der 15. Tag der Tag der Konjunktion ist; obgleich die Konjunktion öfter auf diesen Tag fällt, so doch erst gegen Ende des Tages. So ist es auch im Jahr 1483, das den Mondzyklus 18 trägt: In ihm wird die Konjunktion auf den 16. Tag gezogen, wenn man die Verbesserung in Anwendung bringt, oder auf dem 9. Tag belassen, wenn man nicht verbessert.[cxxi]

Es ergibt sich also, daß wir durch solche Verbesserung unsere Absicht bezüglich des Neulichts erreichen und daß eine allenfalls auftretende Verschiedenheit so gut wie kein Hindernis darstellt, vor allem nicht im Hinblick auf das Paschafest. Daß aber diese Korrektur völlig richtig ist und zu unserem Vorhaben bestens paßt, kann vor allem aus folgendem verstanden werden: Es wäre weitaus am richtigsten, wenn jene Konjunktion die paschale wäre, die unmittelbar auf den 8. Idus März folgen würde, und jene Opposition, die als die erste nach dem 12. Kalend April stattfinden würde, im Einklang mit den Vorschriften der Konzilien von Nicäa und Alexandria. Denn wenn man auch bei verfeinerter Untersuchung genauer arbeiten könnte, so kann doch jeder noch so Unerfahrene hinreichend so viel begreifen, daß die vorgeschlagene Berichtigung in der Gegenwart der

Wahrheit dient, in der nach den Tafeln des Alfons das Äquinoktium auf den 12. März fallen soll.[cxxii]

Wenn nämlich der 1. Vollmond nach dem Frühlingsäquinoktium der paschale Vollmond ist, so wird, nachdem zur Verbesserung 7 Tage abgezogen sind, das Äquinoktium ersichtlich bis zum 19. Tag hinaufgeschoben. Man begreift, daß der 19. Tag dem 12. Kalend April, auf den die Väter des Konzils von Nicäa die Tagundnachtgleiche festlegten, wesentlich näher kommt als der 12. März. Es kann deshalb keinen Zweifel darüber geben, daß dieser Besserungsvorschlag der Wahrheit hilft, während wir heute nach den Regeln der Väter in der Weise arbeiten, wie wenn das Äquinoktium auf den 12. Kalend April festgelegt wäre. Wir werden also, wenn wir nach der Berichtigung auch jene Regeln in Anwendung bringen, gewiß geringere Fehler machen. Daß aber diese Verbesserung nicht nur richtiger, sondern überhaupt die einzig richtige ist, erweist sich aus folgendem: Man weiß, daß bei den Griechen der 13. März als der Tag des Äquinoktiums angesehen wird; ähnlich ist es bei den Hebräern, die vor dem Jahr 1500 Christi niemals am 14. März feiern werden. Sie werden auch dann noch den 13. Tag dem Äquinoktium zuweisen, da sie bekanntlich ihr Passahopfer erst nach dem Vorbeigang des Äquinoktiums darbringen.

Wenn es nun so ist, daß nach den Griechen, wie sich aus den Tafeln der Perser ergibt, und ähnlich auch nach den Hebräern der 13. Tag heute das Äquinoktium ist,[cxxiii] dann gelangt dieses durch Berichtigung und Sprung von 7 Tagen bis zum 20., und so wäre am 21. Tag gegen Abend das 1. Pascha der Juden nach dem Vorbeigang des Äquinoktiums und unser frühestes Pascha am 22. Tag, d.h.

am 11. Kalend April, wie es die Verordnung von Nicäa gebietet.

Es ergibt sich somit, daß der neue Verbesserungsvorschlag in bester Weise mit der Rechnung der Griechen und Hebräer übereinstimmt, ja daß der neue Kalender nach den gleichen Gewährsleuten sogar richtiger ist als er es zur Zeit des nicäischen Konzils war, das etwa im Jahr des Herrn 340 stattfand.[cxxiv] Nach der Rechnung und dem Ansatz der Hebräer und der Alten hätte zu jener Zeit das Äquinoktium am 18. März sein können, so daß die Juden damals nach ihrer Berechnungsweise ihr Pascha am 19. Tag feierten, und unser Pascha wäre am 20. oder 21. Tag gewesen.

Da aber die Verordnung die Feier des Pascha vor dem 22. Tag nicht gestattete, so ergibt sich mit aller Deutlichkeit, daß nach der Ansetzung der Juden die Regel des nicäischen Konzils nicht immer der Wahrheit gedient hat, wie auch manche Römer ganz wie die Juden im Jahr 462 nach Christus begriffen, daß nämlich das Äquinoktium am 15. Kalend April stattfinde, wie Victorius im Brief an Papst Hilarius ausführt.[cxxv] Trotzdem haben sie es nicht gewagt, von den Regeln des nicäischen Konzils abzuweichen.

In ähnlicher Weise geschah dies auch nicht in Übereinstimmung mit den Tafeln des Alfons, die anzeigten, daß zu jener Zeit die Sonne am 19. März in den Widder eintrat. Aber wenn wir die Tafeln des Alfons beiseite lassen und uns der wissenschaftlichen Untersuchung zuwenden, die Ptolemäus in seinem Almagest verfaßte – er weicht von der Berechnung nach Alfons um mehr als einen Tag ab -, so werden wir entdecken, daß die Väter in dieser Ansetzung des

Äquinoktiums nicht sonderlich geirrt haben. Obwohl daher der Kalender zur Zeit des Konzils von Nicäa von den Hebräern und den genauer arbeitenden Astronomen hätte verspottet werden können, so wird er dennoch nach unserer Verbesserung weder für die Griechen noch für die Juden tadelnswert bleiben.

Doch wir wollen sehen, ob auch aufgrund der Angaben der genauer arbeitenden Astronomen Argumente gefunden werden können. Offensichtlich könnte nämlich nach dem Ansatz des Alfons, der den Eintritt der Sonne in den Widder über Jerusalem[cxxvi] im Jahr 1439 auf den 12. Tag etwa 2 Uhr nach Mitternacht ansetzt (nach unserer Korrektur also auf den 19. Tag), unsere Verbesserung des Kalenders bezweifelt werden, weil dieser das Äquinoktium nicht auf den 19. Tag, sondern auf den 21. legt.[cxxvii] Aber darauf läßt sich erwidern, daß die alfonsinischen Tafeln hinsichtlich des Eintritts der Sonne in den Widder nicht punktgenaue Richtigkeit aufweisen; man hat vielmehr in wissenschaftlicher Untersuchung festgestellt, daß sie bis zu 13 Stunden abweichen, so wie es die Untersuchungen zum Jahr 1290 und zu weiteren Jahren lehrten, daß nämlich der Irrtum in den Tafeln 12 und mehr Stunden beträgt, wie Magister Heinrich Bate in seiner kleinen Schrift über den Irrtum der alfonsinischen Tafeln berichtet.

Wenn wir somit den Unterschied der Horizonte der bewohnbaren Erde bezüglich des Frühlingsanfangs mit der Absicht betrachten, daß die feierliche Begehung des Pascha über den ganzen Erdkreis hinweg zu einem gemeinsamen Zeitpunkt und nach dem Frühlingsäquinoktium stattfinden soll, dann unterscheiden wir uns mit der vereinten wissenschaftlichen Erfahrung unserer Zeit nicht wesentlich von der Ansetzung der Juden und Griechen. Denn wir gelangen in der gleichen Weise auf den 13. März. Auch der Jude Profacius und einige andere Beobachter, die für das Jahr Christi 1303 für den Eintritt der Sonne in den Widder den 14. März 8 Uhr nach Mitternacht ermittelt haben,[cxxviii] sichern diese unsere Annahme, nicht anders wie auch andere Forscher unserer Zeit. Wenn auch einige Stunden an dem 13. Tag fehlen würden, so ließen sie sich aufgrund der unterschiedlichen Zeitpunkte des Eintritts im Osten und des Eintritts im Westen ergänzen.

Denn man muß den letzten Zeitpunkt des Eintritts auf der bewohnbaren Erde anmerken, damit wir alle über den ganzen Erdkreis hinweg zu dem genauestmöglichen Zeitpunkt in der Feier des Pascha zusammentreffen *entsprechend den Anweisungen der Väter – davon mehr in „De consecratione", Kapitel III („Paschae") etc. und auch in „De observatione"*[cxxix] -, so daß die Bewohner des östlichen Teils von denen des westlichen Teils nicht überholt werden, sondern in dem Zeitpunkt die ganze Menschheit sich vereint in Bezug auf den Anfang des Paschatages unter Berücksichtigung des stündlichen Vorauseilens des Sonnenaufgangs[cxxx] - sowohl bei den östlicher wohnenden Indern als auch bei den westlicher lebenden Spaniern.

Kapitel X

Schließlich muß darauf geachtet werden, daß für den weiteren richtigen Bestand der Verbesserung mit Rücksicht darauf, daß nach Ptolemäus in 304 Jahren die Antizipation der Konjunktion einen Tag ausmacht,[cxxxi] der Bisextil jenes Jahres auszulassen ist und jedes 304. Jahr stets ohne Einschaltung des Bisextils laufen muß. Zwar wäre es genauer, wenn schon in jedem 76. Jahr der Bisextil nicht gehalten und auf das folgende 77. Jahr übertragen würde, so daß man bis zum 304. Jahr einen Bisextil stufenweise abzöge. Da aber infolge der zuerst genannten einfachen Weise in dieser Sache kein furchterregender Fehler verursacht werden wird, wenn man die zweite genauer und besser arbeitende Methode nicht anwendet, so soll man die erste Methode mit dem Abzug eines ganzen Bisextils im 304. Jahr annehmen, indem auf diese Weise 8 Jahre ohne einen Bisextil laufen würden, damit so die richtige Anzeige des Tages der Konjunktion aufgrund der Lage des Goldenen Zyklus in Gültigkeit zu bleiben vermag.

Um es klarzustellen: Ich nehme deswegen die Zahl von 304 Jahren an, weil sie sich aus einem großen Zyklus von 4 mal 76 Jahren ergibt; wie schon weiter oben ausgeführt, wäre sonst gemäß Ptolemäus die Zahl 316 genauer. [cxxxii]

Weil aber das Frühlingsäquinoktium in der Zeit von 304 Jahren nach einigen Gewährsleuten um fast 2 Tage antizipiert wird,[cxxxiii] durch Auslassung eines Bisextils aber nur ein Tag abgezogen wird, so könnte man den Einwand erheben, daß unser Kalender doch nicht immer in seiner Verbesserung Bestand haben würde, sondern in der Paschafeier, die sich nach der gesetzlichen Anordnung richtet, nach jenem Zeitraum erneut eine Verkehrtheit aufwiese.

Darauf muß man meiner Meinung nach antworten, daß dennoch die genannte Methode – auch wenn sich eine allgemein gültige Regel, bei der es keinerlei Änderung des Kalenders bedarf, wegen des Mißverhältnisses, das zwischen den Bewegungen der Lichter besteht, nicht ausfindig machen läßt – von allen erdenklichen die leichteste und richtigste ist, da die in ihrer Ungleichheit beobachtete Bewegung des Widderhaupts nach jenen Zeiten laut dem Urteil Thebits langsamer vonstatten gehen wird. Und so wie durch die Untersuchungen des Ptolemäus festgestellt worden ist, daß in 300 Jahren die Veränderung nur 1 Grad beträgt, so wird es dafür dereinst noch mehr Jahre brauchen. Und wenn nicht, so könnte doch 1 Tag der Antizipation der Äquinoktien keinen Fehler hinsichtlich der Feier des Paschafestes hervorrufen, wie sich überzeugend aus der Ansetzung des Goldenen Zyklus ergibt.

Sogar bei einer Antizipation von 2 Tagen könnte noch kein Fehler bemerkt werden - im Gegenteil: Da ja unsere Berichtigung drei Sprachen, nämlich die hebräische, die griechische und die lateinische zur Einheit und Einigkeit führt, wird auch bezüglich der Zwischenjahre der Irrtum ein geringerer sein. Das geht ganz deutlich aus der Ansetzung des Goldenen Zyklus im Kalender hervor; denn wenn infolge des Vorauslaufens des Äquinoktiums sich ein Fehler für den paschalen Vollmond ergäbe, so müßte dieser zuerst unter der Zahl 8 und hernach unter der Zahl 19 des Goldenen Zyklus entstehen. Da aber, wie oben gezeigt, jene Jahre immer Zwischenjahre sind, so würden die genannten Zahlen auf viele hundert Jahre hinaus eher die 13. als die 1. Lunation anzeigen, zufolge der Regel der Alten, die besagt, es sei in den Zwischenjahren nicht im März, sondern im April das Pascha zu feiern.

So darf man also schließen, daß sich unser Kalender – mit der Auslassung des Bisextils in jedem 304. Jahr als Verbesserung – so aufzeichnen läßt, daß er sowohl die Neumonde wie die Paschafeiern für die kommenden 1000 Jahre und darüber hinaus in ihrer wahren Lage anzeigen wird, gemäß den Ansetzungen der modernen Lehrer wie auch derer, die vor uns gelebt haben, *und im Einklang mit der Berechnung der Juden und ihrer Ansetzung, die darauf beruht, daß die Antizipation des Äquinoktiums in 350 Jahren 1 Tag beträgt. Der Kalender wird dann über 6000 Jahre mit dem der Juden im Einklang stehen.*

Trotzdem kann man aufgrund all dieser von Menschen angestellten wissenschaftlichen Untersuchungen, deren Ergebnisse man zudem nur bruchstückweise erhalten konnte, aus der Bewegung der großen Lichter von der Vergangenheit her nur insoweit eine Sicherheit über die kommenden Zeiten gewinnen, als es Ordnung und Regelmäßigkeit der entdeckten Bewegungen erlauben, über die zukünftigen Dinge eine Meinung zu äußern.

Gewöhnlich wird nun von einigen auch der Vorwurf erhoben, daß diese Kalenderberichtigung die Rechner, die die alfonsinischen Tafeln benutzten, in Verwirrung brächte sowie diejenigen schädigen würde, die für einen bestimmten Termin Abmachungen eingegangen wären. Diesen kann man leicht antworten, daß uns keiner dieser

Einwände daran hindern darf, in der Kirche Gottes eine Berichtigung der Feste durchzuführen. Für die Rechner ist es leicht, dieses Jahr zu berücksichtigen und für das Jahr des Herrn 1440 neue Wurzeln aufzustellen, so wie es ja auch schon, von irgend jemandem erdacht, eine Ära des neuen Konzils, die auf dieses Jahr gegründet ist, gibt – geeignet für die Vereinfachung der Berechnung und für das ewige Andenken an dieses heilige Konzil.[cxxxiv] *Denn es könnte kein größeres Andenken an dieses Konzil zustande kommen als aufgrund der beschriebenen Kalenderberichtigung, auf die sich noch in zukünftigen Zeiten die Berechner stets werden beziehen müssen. Bei den Verträgen aber erleidet die Allgemeinheit keinen Nachteil: Wenn nämlich etwas in einem bestimmten Fall einem zum Schaden ausschlägt, gereicht es demselben in einem andern Fall zum Vorteil. Und in der kleinen Zeitspanne, die dem Gläubiger, der an der Zahlung festhält, dennoch hier weggenommen wird, liegt kein schwerer Nachteil: Da nämlich die festgesetzten Zinstermine häufig Feiertage sind, könnte man vielmehr bestimmen, daß die Zinsen künftig am 8. Tag*[cxxxv] *fällig sein sollten, so daß für niemand ein Nachteil erwachsen würde. Es könnte zudem mit einer üblen Gewohnheit innerhalb der Kirche aufgeräumt werden bezüglich der Zahlungen, die gewöhnlich an hohen Kirchenfesten sogar unter Androhung strenger Strafen geleistet werden.*

Da also diese Kalenderverbesserung leicht in die Tat umgesetzt werden kann und von solchem Nutzen ist, daß wir durch sie zur Beobachtung der uns von den heiligen Konzilien überlieferten Regeln zurückgeleitet werden, wird diese heilige Basler Kirchenversammlung mit großer Bereitschaft das annehmen, was bisher nur erhofft werden konnte. Denn wenn man in den Berichten über die erste Verhandlung auf dem Konzil zu Chalcedon liest: „Es soll jeden den Kirchenbann treffen, der den heiligen Tag des Pascha nicht nach den Regeln der heiligen allgemeinen Kirche feiert", so muß man mit äußerster Sorgfalt darauf bedacht sein, daß die Vorschrift Gottes und ebenso die Regeln der Väter sich in der Wahrheit begegnen.

Vor allem aber muß die unter die Akten des Konzils von Chalcedon aufgenommene Verdammung der Häresie der Quartodezimaner den hier für das Werk der Reformation vereinigten Vätern eine Mahnung sein, weil nämlich damals die quartodezimanische Sekte ebenso mit dem Kirchenbann belegt werden mußte wie diejenigen, die das Paschafest nicht nach den Regeln der allgemeinen Kirche feierten.

Dieses, ihr Väter, erwägt und handelt entsprechend, damit wir den Irrtum in der Sache des Pascha beseitigen und der Wahrheit zum Sieg verhelfen, auf daß wir in der Zeitlichkeit das Fest richtig feiern und verdienen, zum ewigen Fest hinübergeführt zu werden. Amen.

Nachwort

Die von Cusanus angestellten Betrachtungen zu der seiner Meinung nach dringend nötigen Kalenderreform enthalten ein Übermaß an chronologischen Unstimmigkeiten, die uns stutzig machen sollten. Cusanus' historisches Weltbild erscheint uns diffus und unreif; er hat nicht nur Probleme mit der Datierung, sondern übt sich auch in seltsamen Zuordnungen, macht Leute zu Zeitgenossen, die eigentlich durch Jahrhunderte getrennt sein müßten, unterscheidet nicht zwischen alten und neuen Griechen, bringt römische Konsuln nicht auf die Reihe – und am verräterischsten: er demaskiert seine Kirche als Mithras-Kult! Damit versetzt er sich und seine Zeit quasi vom 15. Jh. ins 2. Jh. zurück, als der Mithras-Kult in schönster Blüte war und über alle rituellen Ingredienzien verfügte, die auch das Christentum auszeichneten: Taufe, Abendmahl, Auferstehungsglaube und so weiter; es bietet sich zur Erklärung dieses Anachronismus sogar eine Synoche an: 1450 CHR = 198 ALF.

Leider habe ich das Werk von Cusanus noch nicht gekannt, als ich den Stoff zu meinem Buch „Nostradamus und das Rätsel der Weltzeitalter" bearbeitete[3] – ich hätte dann nämlich ein schlagendes Argument für meine dort vorgebrachte These gehabt, daß es einst eine Kalenderreform gegeben haben müsse, die in einem Sprung von 7 Tagen resultierte (im Gegensatz zum 10-

---

[3] Däppen, *Nostradamus und das Rätsel der Weltzeitalter*; Norderstedt 2017.

tägigen Sprung der Gregorianischen Reform). Ich zitiere die entsprechende Stelle:

Es gibt bei Nostradamus noch eine weitere Textstelle, die eine kalendarische Diskrepanz von einer Woche impliziert: Im Q-6.85 läßt er die portugiesische Flotte „am ersten Tag des Sommers, dem Tag des heiligen Urban" aufkreuzen. Der Gedenktag für Papst Urban I, der einzige Heilige dieses Namens, ist jedoch der 25. Mai, der nun keineswegs den Sommeranfang markiert, aber exakt eine Woche vor dem 1. Juni liegt, dem ersten Tag des ersten Sommermonats, der den Beginn des kalendarischen Sommers anzeigt!

Es ist naheliegend, diese Erörterungen zur saisonalen Stellung des 25. Mai bei Nostradamus mit den Überlegungen des Cusanus in Verbindung zu bringen, die um den alles entscheidenden Kalendersprung kreisen:

In der Praxis müßte man bei dieser Verbesserung folgendermaßen vorgehen. Im Jahre Christi 1439 fällt das Pfingstfest auf den 24. Mai, und weil Pfingsten ein bewegliches Fest ist, überlegt die Allgemeinheit nicht, auf den wievielten Tag es fällt. Man möge daher an irgendeinem Tag des Jahres 1437 durch ein öffentliches Dekret bestimmen, daß der 24. Mai des Jahres 1439, auf den das Pfingstfest fällt, als der letzte Tag des Mai angenommen werden soll und der 1. Juni als der 2. Pfingsttag zu gelten habe...

Konkret heißt das: Der 24. Mai soll in diesem speziellen Schaltjahr der letzte Tag dieses Monats sein, wodurch der

25. Mai automatisch zu einem 1. Juni würde. Und es ist genau diese Operation, die im Quatrain 6.85 von Nostradamus aus dem Urbanus-Tag, der eigentlich der 25. Mai sein müßte, den „ersten Tag des Sommers" macht: Was einst im Jahresverlauf der Urbanus-Tag war, ist nun der 1. Juni, der erste Tag des ersten Sommermonats. Wenn nicht alles täuscht, dann hat für Nostradamus und seinen Kulturkreis die Kalenderreform von Cusanus auf die eine oder andere Art wirklich stattgefunden. Dies wird erhärtet durch die Tatsache, daß Nostradamus' biografische Daten in zwei Überlieferungen vorliegen, die für die Dauer seines Lebens einen Unterschied von 7 Tagen ausweisen. Ich zitiere hier die entsprechende Passage aus meinem Nostradamus-Buch:

Auch die Tatsache, daß Nostradamus sieben Tage älter gemacht wurde, verdient Beachtung („VIXIT DIES XVII" anstatt „VIXIT DIES X"). Ausgehend von seinen heute bekannten Lebensdaten (geboren am 14.12.1503, gestorben in der Nacht auf den 2.7.1566), erhalten wir für Nostradamus natürlich die Lebensspanne in Jahren, Monaten und Tagen, wie sie auf dem neueren Grabstein vermerkt ist (effektiv wären es sogar 1-2 Tage mehr!). Es muß aber einen plausiblen Grund gegeben haben, daß auf der alten Grabinschrift eine Lebenszeit von 62 Jahren, 6 Monaten und lediglich 10 Tagen angegeben ist. Er müßte dann an einem 24. Juni gestorben oder an einem 21. Dezember geboren worden sein, aber dies läßt sich heute natürlich nicht mehr feststellen. Es gibt im wesentlichen zwei mögliche Gründe, warum man auf dem neuen Grabstein die Lebensspanne um sieben Tage erhöhte: Man hatte 1813 bessere biografische Daten über

Nostradamus zur Hand als zur Zeit seines Todes, oder man hat die 1813 noch vorhandenen Lebensdaten (Geburt, Tod oder beides) falsch interpretiert und gutmeinend „korrigiert", weil man sich nicht bewußt war, daß den ursprünglichen Daten ein ganz anderes Kalendersystem zugrunde lag.

Eine Elimination von 7 Tagen in der Zeit zwischen 1503 und 1566 hätte Nostradamus eben diese 7 Tage kürzer leben lassen, als es seine Geburts- und Todestage nominell ausweisen. Das könnte bedeuten, daß entweder die Cusanische Kalenderreform im 16. Jh. durchgeführt wurde oder daß Nostradamus als Zeitgenosse von Cusanus im 15. Jh. lebte; es handelt sich hier allerdings nur scheinbar um Alternativen, da ja die Epochenbezüge austauschbar sind. Wenn wir etwa Cusanus' Lebensdaten (1401-1464 CHR) von der christlichen in die antiochenische Ära abbilden, dann erhalten wir 1449-1512 ANT; und davon scheint sich noch immer eine Spur in einem chronologischen Werk des 17. Jhs. erhalten zu haben, wo 1448 als Cusanus' Geburtsjahr genannt wird.[4]

Unter diesen Umständen wäre übrigens seine geradezu prophetische Leistung (die ihn berühmt machte), für das Jahr 1517 die Reformation der Kirche vorauszusagen, auch nicht mehr so außergewöhnlich... Wir könnten dann auch besser verstehen, warum Cusanus an einer Stelle explizit auf ein Jahr „1483" Bezug nahm, als er die Auswirkungen seiner Reform erörterte: Warum

---

[4] Alsted, *Thesaurus Chronologiae*, Herbornae Nassoviorum MDCL.

hätte er nämlich in den Jahren 1436/37 (als er seine Schrift verfaßte bzw. als sie vor dem Konzil verlesen wurde) auf ein so weit entferntes, nichtssagendes Jahr Bezug nehmen sollen?

Man ist natürlich geneigt, die Jahreszahl „1483" als Verschreibung von „1438" aufzufassen, was ja viel besser in den zeitlichen Kontext passen würde... leider funktioniert dies nicht wegen der von Cusanus für 1483 genannten Zykluszahl, die ja mit der von 1635 kongruent sein muß (Cusanus nennt für beide Jahre den Mondzyklus „18", und tatsächlich liegen zwischen den Jahren 1635 und 1483 ganze 8 Mondzyklen). Das Jahr 1438 hätte aber in diesem System die Zykluszahl „11" und wäre damit zu den beiden anderen Jahren nicht kongruent. Mit dem Geburtsjahr 1448 wäre Cusanus anno 1483 ebenso alt gewesen wie im „offiziellen" Jahr 1436, als er sich gemäß konventioneller Chronologie erstmals mit der Kalenderreform beschäftigte. Man könnte also dieses ominöse Jahr 1483 als nachträglich nicht korrigiertes Überbleibsel des ursprünglichen Textes auffassen, der noch auf einem anderen chronologischen System beruhte.

Es ist durchaus vorstellbar, daß im 15. Jh. die chronologische Uhr um eine Anzahl Jahre (vielleicht sogar 48 Jahre!) verstellt wurde (womit eine zusätzliche Epoche entstand, die man irgendwie benennen mußte), um das Problem des rätselhaften Zyklus, der unerklärlicherweise um 20 v.CHR einsetzte, in den Griff zu kriegen – nämlich des in chronologischer Hinsicht dominierenden Victorianischen Zyklus, wie zu vermuten ist. Daß gerade die antiochenische Epoche ein künstliches Konstrukt ist und in einem engen Zusammenhang mit der Christusepoche steht, verrät uns ein Hinweis im

„Calvisius", dem chronologischen Standardwerk der frühen Neuzeit: Unter dem Jahr 47 v.CHR steht dort: *„Aera Antiochena hoc anno incipit Calendis Octobris & prior est aera Christiana annis 48 & tribus mensibus. Frequenter haec apud historicos & in conciliis usurpatur."*

Frei übersetzt heißt das: „In diesem Jahr (d.h. 47 v.CHR) am 1. Oktober setzt die antiochenische Ära ein, womit sie der christlichen Ära um 48 Jahre und 3 Monate vorausgeht. Sie wird häufig von Historikern und zur Datierung der Konzilien verwendet."

Wir erfahren nicht, welches Ereignis zu dieser Epoche führte – keine Geburt und kein Tod einer bedeutenden Person, keine Thronbesteigung, keine siegreiche Schlacht, kein Martyrium! Die antiochenische Epoche steht einfach so auf der Zeitachse, um dort – und dies scheint ihr einziger Zweck zu sein! – einen Punkt zu markieren, der genau 48 Jahre und 3 Monate weiter zurück liegt als die christliche Epoche. Und obschon also diese Epoche ein historisches Nicht-Ereignis darstellt, wird sie gerne und fleißig von Historikern benutzt, um sogar Konzilien zu datieren (vermutlich hat sich ja auch Cusanus ihrer bedient, als er die römischen Konsuln durcheinander brachte).

Daß mit dieser Ära etwas nicht stimmen kann, zeigt allein schon die Tatsache, daß sie julianisch geschaltet ist, obwohl sie vor Cäsars Erfindung des Schaltjahres einsetzt. Die Beliebtheit dieser Epoche läßt zudem darauf schließen, daß es sich um eine zyklische Jahreszählung handelte, in der alle wesentlichen und für die Datierung wichtigen Elemente eingearbeitet waren, und wir dürfen daher vermuten, daß die antiochenische Zählung auf dem

Victorianischen Zyklus beruhte, d.h. sie war ursprünglich eine Variante, ja vielleicht sogar das „Original" der christlichen Zählweise. Das ist insofern plausibel, als das alte Antiochia – damals eine Weltstadt mit großer Ausstrahlung – auch ein Zentrum der frühen Christenheit war und zudem eine bekannte Philosophenschule beherbergte, aus der so berühmte Leute wie etwa der Erzketzer Arius hervorgingen. Die antiochenische Jahreszählung könnte also durchaus noch im 15. Jh. in Gebrauch gewesen sein, bevor man aufgrund neuer Erkenntnisse oder Bedürfnisse daran ging, die Christusepoche neu zu justieren.

Man muß sich einfach immer bewußt sein, daß diese langperiodische Jahreszählung in erster Linie ein Steckenpferd der Chronologen war und mit dem Alltag der Leute damals und auch mit der Datierungsweise der Kanzleien (der Päpste, Kaiser, Könige usw.) nichts zu tun hatte. Wenn also spitzfindige Chronologen an den Jahren seit Christus herumschraubten, dann wurde das in der breiten Öffentlichkeit lange Zeit kaum beachtet. Erst als man die Nützlichkeit einer langfristigen, durchgängigen und nach einheitlichen Regeln durchgeführten Jahreszählung zu schätzen begann, fand die Arbeit der Chronologen größere und genauere Beachtung. Diese neue Wahrnehmung entwickelte sich aber erst mit der Verwissenschaftlichung der Geschichtsschreibung im 17. Jahrhundert, die allerdings derart von eitlem Platzhirschgebaren und bornierter Rechthaberei geprägt war (etwa Petavius vs. Scaliger), daß eine differenzierte Auseinandersetzung mit den chronologischen Experimenten früherer Jahrhunderte gar nicht möglich oder auch nur erwünscht war. Und diese

Unterlassungssünde wurde bis heute nicht nachgeholt – als dann auch noch die Wissenschaft in ein unseliges Spezialistentum zerfiel, da wurde der Schatz der Cusanischen Kalenderreform unter dem politisch-theologischen Gerümpel der Konzilsgeschichte völlig begraben. So ist das Thema Kalenderreform in den langfädigen Abhandlungen über das Basler Konzil meist mit keinem Wort erwähnt.

Nun klingt das alles sehr hypothetisch, zumal ja die Cusanische Kalenderreform laut Lehrmeinung gar nicht stattgefunden hat. Aber in der einen oder andern Form fand sie eben doch statt, wenn auch nicht unter dem Namen ihres Erfinders, ja vielleicht noch nicht mal unter der Leitung der Kirche. Zu den auf dem Basler Konzil geführten Verhandlungen zur Kalenderfrage gibt es einen aufschlußreichen Bericht[5] von Johannes von Segovia (+1458), der eine bemerkenswerte Aussage enthält, die uns die ganze Dimension und Dringlichkeit der angestrebten Kalenderreform vor Augen führt: Die auf dem Konzil vorgebrachte Feststellung nämlich, daß „die Ungläubigen die Kirche verlachen und viele der Christen ihre Kalender der Wahrheit gemäß eingerichtet haben", ist für die Einschätzung der damaligen Situation von größter Bedeutung. Sie läßt eigentlich nur einen Schluß zu: Das zivile Kalenderwesen war der Kirche schon voraus! Die Geschäftsleute, die auch mit den „Ungläubigen" Geschäfte machen wollten und zu diesem Zweck Termine (z.B. auf Messen) vereinbaren mußten, brauchten dringend einen korrekten Kalender, um ihr

---

[5] Siehe Anhang A.

Geschäftsleben planen zu können; und sie besorgten ihn sich auch, egal was die Kirchenoberen dazu sagten.

Falls also die Kirche eine Kalenderreform durchgeführt hätte, dann hätte sie bestenfalls den herrschenden zivilen Standard nachvollzogen. Und dieser Standard dürfte von Italien her getrieben worden sein – nicht weil die Italiener damals besonders katholisch gewesen wären, sondern weil sie besonders geschäftstüchtig und effizient waren! Sie setzten bekanntlich die Standards für die Geschäftspraktiken in ganz Europa; dazu dürfte auch der Brauch gehört haben, das Jahr am 1. Januar zu beginnen. Während also das zivile Europa schon bald den 1. Januar als „de-facto-Standard" für den Jahresbeginn akzeptiert haben dürfte, schwankte die Kirche noch lange zwischen Weihnachten und Ostern, und praktizierte mal dies, mal jenes. Cusanus selbst spricht dies in seinen Erörterungen zum Jahresbeginn an, wenn er feststellt, daß „die Allgemeinheit, den Italienern folgend, das Jahr mit dem Kalend Januar beginnt". Weshalb folgte man den Italienern und ignorierte die Bräuche der eigenen Kirche? Weil sie Vorbilder waren: erfolgreiche und weltgewandte Geschäftsleute!

Man kann daraus folgendes schließen: Im Gegensatz zum Geschäftsleben war damals die Kirche noch nicht international ausgerichtet; jeder Bischof ließ die Glocken läuten, wenn und wann er es für richtig hielt. Dagegen hatte der aufkommende internationale Handel, in dem die Italiener damals auch nördlich der Alpen eine führende Stellung einnahmen, ein starkes Interesse an Standardisierungen; man traf sich an Messen, um sich zu „messen", d.h. recht eigentlich Maß zu nehmen (deshalb wurden bei dieser Gelegenheit auch Eichmaße ausgetauscht!), um die neusten Produkte und Rohstoffe und neue Handelspartner kennenzulernen. Kein seriöser Geschäftsmann konnte es sich leisten, eine wichtige Messe zu verpassen und sich auch noch dem Gespött der andersgläubigen Konkurrenten auszusetzen, nur weil sein Kalender nicht stimmte! Die christlichen Geschäftsleute wußten sich aber gewiß zu helfen, indem sie genauere Kalender herstellen ließen, in denen zumindest die Mondphasen korrekt eingezeichnet waren. Als sich die Kleriker am Konzil zu Basel schwerfällig und vielleicht auch unwillig endlich mit der dringend nötigen Kalenderreform befaßten, waren sie schon mit vollendeten Tatsachen konfrontiert: Im öffentlichen Alltag tickten die Uhren und ging der Kalender schon lange anders! Die Kirche konnte daher mit ihrer Kalenderreform für ihre eigenen liturgischen Belange nur noch das nachvollziehen, was im zivilen Leben schon längst Tatsache war.

Wenn wir nun unter diesen Aspekten den „offiziellen" Text zur „Basler Kalenderreform" betrachten, nämlich das hierzu vom Konzil erlassene Dekret[6], dann erhalten wir weitere aufschlußreiche Hinweise über den Hintergrund und die Tragweite dieser Reform. Es gibt in diesem Dekret doch einige Merkwürdigkeiten, auf die wir näher eingehen sollten!

So ist etwa davon die Rede, daß den Heiligen aufgrund der „Martilogien" gedacht wird – und man vermutet hier sogleich einen Schreibfehler, weil man

---

[6] Siehe Anhang B.

automatisch an „Martyrologien" denkt, aber man sollte eher an eine „Umdeutung der Geschichte" denken, um für einmal das böse Wort „Geschichtsfälschung" zu vermeiden. Denn die christlichen „Martyrologien" erzählen vom Glaubenszeugnis der ersten Christen, die auch im größten Martyrium (Foltertod) nicht von ihrem Glauben abfielen. So will es die christliche Legende. Doch die „Martilogien" sind – wörtlich genommen – nichts anderes als magische Anrufungen des Mars, des ersten und obersten römischen Gottes.

Im einfachen Volksglauben war die Anrufung der Schutzheiligen oder Nothelfer immer auch eine magische Handlung. Niemand interessierte sich dafür, ob diese Heiligen je ein Martyrium erleiden mußten, um nachher heilig gesprochen zu werden. Im Gegenteil: Ein solches Martyrium hätte ein Indiz für eine magische Schwäche sein können. Unter den echten Volksheiligen findet sich darum auch kaum ein christlicher Märtyrer, der für seinen Glauben unter Folter starb, sondern fast ausnahmslos „heilige Menschen", die sich durch ihre magischen Fähigkeiten auszeichneten. Ein heiliges (= magisches) Martyrium lag allenfalls dann vor, wenn der Heilige den Scheiterhaufen, das Bad im siedenden Öl, die Kreuzigung etc. überlebte, denn nur dann verfügte er offensichtlich über die sehnsüchtig erwünschten magischen Fähigkeiten und war somit überhaupt erst der Anbetung oder der Anrufung würdig.

Der Unterschied zwischen Marti-Logien und Martyro-Logien ist daher fundamental und markiert einen tiefen Graben zwischen zwei konträren Ideologien: Die Anrufung des Mars und der unter seinem Schutz stehenden Heiligen steht für Kraft, Stärke und

Unbeugsamkeit, während anderseits die angedenkliche Pflege der sich opfernden Märtyrer eine Ideologie der Schwäche und der Unterwerfung propagiert. Die Martilogien stehen somit für die alte Kirche, wie sie sich noch im Konzil zu Basel konstituierte – die Martyrologien hingegen stehen für den jesuitisch geprägten Unterwerfungskult, der seit 400 Jahren die katholische Kirche prägt.

War die alte Kirche „christlich"? Auch, aber nicht nur, wie es scheint! Der vom Konzil verabschiedete Text konstatiert dies mit einer noch selten registrierten Offenheit: „Damit nun der hier vorgestellte Modus leichter und allgemeiner akzeptierte werde, hat die heilige Synode beschlossen, daß dieser von der Kirche überall sorgfältig zu beachten ist, vor allem von all jenen des christlichen Glaubens". Die Synode gebietet also über die Kirche, die wiederum ein Gefäß für viele Glaubensrichtungen zu sein scheint, nicht zuletzt natürlich für jene, die „christlichen Glaubens" sind! Das erinnert uns an den von Cusanus erwähnten Bischof Morinus, der religiöse Vorschriften gleichermaßen für „Juden, Griechen oder Lateiner" erließ.

Im 15. Jh. war die große Spaltung der Kirche (u.a. die Abspaltung der Juden von den Christen!) offensichtlich noch nicht gänzlich vollzogen, zeichnete sich aber schon deutlich ab, wobei wohl nicht zuletzt die Kalenderfrage zum Keil wurde, der die verschiedenen Volks- und Glaubensgemeinschaften auseinander trieb. Die gegenseitige Entfremdung wurde durch die unterschiedlich gepflegte liturgische Praxis verstärkt. Man feierte die (einst überkonfessionellen) Feste nicht mehr an denselben Tagen, und man suchte und erfand zunehmend verschiedene religiöse Gründe, um die eigene Praxis zu rechtfertigen.

Es ist ein nicht unwesentliches Detail, daß das Konzil die Elimination der sieben Tage im Oktober haben wollte - und nicht Ende Mai, wie es Cusanus mit plausiblen Argumenten vorschlug. Bekanntlich wurde auch die Gregorianische Kalenderreform 1582, bei der zehn Tage eliminiert wurden, im Oktober vollzogen (Sprung vom 4. auf den 15. Oktober). Die Basler Kalenderreform hätte einen Sprung vom 20. auf den 28. Oktober bedeutet – allerdings steht das so nicht im Dekret, denn man operierte nicht mit Kalenderdaten, sondern mit Heiligentagen. Die Abfolge der Festtage im liturgischen Kalender war gegeben und durfte nicht verändert werden, was im Dekret ja auch ausdrücklich gefordert wird.

Demzufolge wäre es auch ein großes Ärgernis gewesen, wenn sich unter den eliminierten Tagen ein hoher Festtag befunden hätte. Dies war nach Auffassung des Basler Konzils in der besagten Oktoberwoche offenbar nicht der Fall; man kann daher auch annehmen, daß damals das Fest der heiligen Ursula bzw. der elf märtyrerhaften Jungfrauen (*undecim martyres virgines*) am 21. Oktober noch nicht bekannt war, sonst hätte das Dekret sicher darauf Bezug genommen; stattdessen formulierte man umständlich: „nach dem 3. Tag nach dem Fest des gesegneten Evangelisten Lukas" und meinte damit genau diesen 21. Oktober.

Dies ist durchaus bemerkenswert, da das Fest der heiligen Ursula und ihrer Gefährtinnen besonders im rheinischen Raum schon seit langem bekannt war (angeblich existierte schon im 7. Jh. eine Kirche über ihrem Grab in Köln) und viele Kleriker am Basler Konzil aus dieser Gegend stammten. Es könnte natürlich auch ein Hinweis darauf sein, daß die Konzilskleriker damals noch nicht viel mit der („christlichen"?) Märtyrerideologie anfangen konnten, so daß die entsprechenden Festtage nicht der Erwähnung wert waren und daher in ihrem Kalender schlicht nicht existierten.

Das christliche Mittelalter kannte angeblich keine Feuerbestattung, doch das Dekret spricht unverblümt den Sachverhalt an, daß der „Tag der Einäscherung" durch die Goldene Zahl im Kalender angezeigt wird, womit wir unversehens mit den Sitten und Gebräuchen der römischen Antike konfrontiert sind. Diese Bestattungskultur scheint sich noch bis ins 15. Jh. auch nördlich der Alpen gehalten zu haben, und man fragt sich natürlich, welcher kulturelle Wechsel wann die Erdbestattung mit sich brachte!

Die Konzilsväter zu Basel waren im weiteren der Meinung, daß die Zahl 14 des Mondzyklus dem Buchstaben „o" in den Martilogien entspricht – doch aus den „Martilogien" wurden die „Martyrologien", und der Buchstabe „o" verschwand daraus! Im maßgebenden Martyrologium[7] des 17. Jhs. lautet die Sequenz der Buchstaben an der kritischen Stelle wie folgt: „a b … m n p q …", d.h. die 14. Stelle wird nicht von „o", sondern von „p" eingenommen; ein Buchstabe „o" kommt in dieser Buchstabenfolge gar nicht vor!

Fast scheint es, daß man mit der Gregorianischen Kalenderreform und den daraus hervorgegangenen

---

[7] Baronius, *Martyrologium Romanum*, Coloniae Agrippinae MDCIII.

Martyrologien das Andenken an die Beschlüsse des Basler Konzils ausradieren wollte. Im übrigen ist das im Dekret geäußerte Ansinnen, den 1. Januar immer mit einer bestimmten Zahl des Mondzyklus synchronisieren zu wollen („und der Kalend Januar soll in der Reihe der Mondzyklen immer etwa auf die Zahl 14 fallen"), nur in einem auf dem Mondjahr basierenden Kalender überhaupt denkbar! Es stellt sich also die Frage, ob das Basler Konzil noch immer mit einem altrömischen Mondkalender rechnete…

Anhang A.

Bericht des Johannes von Segovia zur Kalenderreform des Basler Konzils [8]

Am 18. Juni 1434 verlas der Notar eine Schrift, welche die Ermahnung enthielt, daß die Kirche auch auf die Bitten der Leute niederen Standes eingehen müsse. Da nun von Anfang an die Goldenen Zahlen im Kalender falsch eingetragen wurden, weshalb die Ungläubigen die Kirche verlachen und viele der Christen ihre Kalender der Wahrheit gemäß eingerichtet haben, so möge die heilige Synode einige Deputierte wählen, welche mit Unterstützung erfahrener Astronomen für die Verbesserung des Kalenders Sorge tragen sollen. Es wurde hierauf beschlossen, daß hierzu der Kardinal von Bologna bestimmt werde, welcher sich nach Belieben einige Berater beiziehen möge.

Es wurde nun unter Leitung des Kardinals, und auch nach dessen Abgang vom Konzil, viel unter den Deputierten darüber verhandelt, und endlich wurde im März des Jahres 1437 in einer Versammlung der Konzilsväter der Bericht und Vorschlag der Kommission durch den Kardinal Nikolaus von Kues vorgetragen. Darin

---

[8] Zitiert nach Kaltenbrunner, *Die Vorgeschichte der Gregorianischen Kalenderreform*; Sitzungsberichte der kaiserlichen Akademie der Wissenschaften; 82. Band, Wien 1876.

wurde beantragt, daß im Jahr 1439 vom Monat Juni 7 Tage ausgelassen werden sollen[9].

Der Berichterstatter versicherte, daß dadurch der ursprüngliche Stand des Kalenders wieder hergestellt, und wenn man in Zukunft alle 304 Jahre ein Tag einschalten würde, der Kalender für immer in Ordnung bleiben werde. Da kam aber Hermann[10], der Mönch des Klosters N., dazwischen und machte mehrere Jahre hindurch große Anstrengungen, daß die 7 Tage nicht aus dem Juni, sondern aus dem Mai oder Oktober eliminiert werden sollten. Nachdem aber endlich den Deputierten die Vollmacht gegeben worden war, das Dekret darüber abzufassen, so wurde dasselbe – freilich zur Unzeit - hauptsächlich durch den Einsatz des Hermann ausgearbeitet, auf daß es in der ganzen Christenheit verkündet werde.

---

[9] Es ist hier wohl von Hermann Zoest die Rede, dessen eigene Reformvorschläge abgelehnt wurden, und der dann – wie zu vermuten ist – die sich abzeichnende cusanische Reform in seinem Sinn zu modifizieren (oder als die „eigene" auszugeben?) versuchte.

[10] Es scheint sich hier um eine Fehlinformation zu handeln, denn Cusanus wollte die besagten 7 Tage aus dem Mai eliminieren – oder aber der überlieferte Text enthält schon eine diesbezügliche Nachbesserung und entspricht nicht mehr dem ursprünglichen Antrag von Cusanus. Merkwürdig ist auch, daß Nikolaus von Kues schon als „Kardinal" bezeichnet wird, obwohl er die Kardinalswürde angeblich erst 1448 erhielt (siehe Anhang C). Der Bericht von Johannes v. Segovia wäre demnach erst lange nach diesen Ereignissen abgefaßt worden – oder aber die Konzilsgeschichte stimmt chronologisch nicht mit Cusanus' Biografie überein!

Aber da damals die Kirche unter der Zwietracht zweier Konzile litt, indem nach der Suspension von Eugen IV die einen dem Konzil von Basel, die andern jenem von Ferrara gehorchten, so beschloß man, die Kalenderreform jetzt nicht in Ausführung zu bringen, damit nicht noch ein neuer Grund des Haders geschaffen werde.

Anhang B.

Dekret des Basler Konzils zur Kalenderreform [11]

Die allerheiligste generelle Synode zu Basel hat sich im heiligen Geist und in legitimer Weise versammelt, die ganze Kirche repräsentierend und zu ewigem Angedenken. Damit vernünftige Anordnungen, die unsere Väter nach langen Studien und unter göttlicher Leitung getroffen haben, keineswegs sorglos oder leichtsinnig in unserer Zeit ungültig würden oder in Vergessenheit gerieten, zumal sie durch geheimnisvolle Gnade, gegeben durch Jesus Christus, unseren Erlöser, und durch das Alte Testament zum Gesetz gemacht wurden, dem menschlichen Gedächtnis beständig gegenwärtig sind und von allen Gläubigen durch die wundersamen Werke des Herrn und ebenso durch seine immensen Wohltaten erinnert werden. So haben die heiligen Väter in größter Sorgfalt dem Paschafest, nämlich wie es zwischen den Feierlichkeiten gemäß der Überlieferung zu begehen sei, größte Beachtung geschenkt. Das Dekret, vom generellen Konzil wie auch vom heiligen apostolischen Stuhl in Kraft gesetzt und zu ewigem Angedenken befohlen, stellt sinngemäß fest, daß der erste Sonntag nach der 14. Luna des ersten Monats von der ganzen Christenheit als heiliges Fest zu feiern sei, was bis auf weiteres in der Kirche Gottes zu beachten sein wird.

---

[11] Lateinischer Text bei Kaltenbrunner (s.o.); Übersetzung durch den Autor.

Die tatsächlich feststellbare, allmähliche Antizipation der Äquinoktien, Solstitien und der Neumonde schwächt die Bedeutung jener Zeichen, die einst für ebendiese Äquinoktien, Solstitien und Neumonde standen, so daß, wie allgemein bekannt sein dürfte, durch sie nicht mehr der Sonntag nach der 14. Luna angezeigt wird, sondern immer wieder weit neben das zeigt, was von den heiligen Vätern zur Feier des Paschafestes als Institution befohlen wurde; dies stellt einen nicht geringen Skandal für die christliche Öffentlichkeit dar, was zwar nicht voraussehbar war, aber dennoch Tatsache ist.

Da nun der Fehler offensichtlich ist und der Vorgabe der alten Kirche Folge zu leisten ist, haben sich viele Prälaten und Gelehrte redlich bemüht, dabei den Rat von in dieser Sache erfahrenen Männern suchend und allerlei schwierige Untersuchungen anstellend, einen geeigneten Modus zu finden, mit dem eine Vorausbestimmung möglich ist. Die aus dieser Arbeit resultierende Empfehlung lautet daher, es sei die Korrektur des Fehlers auf eine verträgliche Weise bekannt zu machen, indem nämlich im kommenden Jahr des Herrn MCCCCXL aus dem Monat Oktober sieben Tage der Kalenderzählung auszulassen sind, so daß nach dem 3. Tag nach dem Fest des gesegneten Evangelisten Lukas, einem Freitag, in unmittelbarer Folge das Fest der gesegneten Apostel Simon und Judas zu feiern ist, und am unmittelbar darauf folgenden Dienstag das Fest Allerheiligen, und genauso die folgenden Feste in der Reihe, wie sie im Kalender stehen. Und jene Zahl, die gewöhnlich die „Goldene" genannt wird und die im Altertum den veränderlichen Mondzyklus angezeigt hat, wird von 16 auf 13 gestellt; daher der Tag der

Einäscherung ausnahmsweise dennoch variieren kann, so wie es die Goldene Zahl im Kalender bis anhin anzeigt. Im Kalender darf Pascha frühestens auf den 11. Tag der Kalenden des Aprils fallen und spätestens auf den 7. Kalendas Mai – so wie es einst war, wird es demnächst wieder sein. Ebenso sollen in den Martilogien, die in verschiedenen Kathedral- und Klosterkirchen feierlich gelesen werden, die bisher unter dem Buchstaben „q" bezeichneten Gedenktage neu unter „n" geführt werden, und der Kalend Januar soll in der Reihe der Mondzyklen immer etwa auf die Zahl 14 fallen, was dem Buchstaben „o" in den Martilogien entspricht.

Damit nun der hier vorgestellte Modus leichter und allgemeiner akzeptierte werde, hat die heilige Synode beschlossen, daß dieser von der Kirche überall sorgfältig zu beachten ist, vor allem von all jenen des christlichen Glaubens, und daher im Jahr des Herrn 1440 das Fest von Simon und Judas am 3. Tag, einem Freitag, unmittelbar nach dem Fest des gesegneten Evangelisten Lukas zu feiern ist, und das Fest Allerheiligen am Dienstag danach, wobei vorausgesetzt ist, daß alle andern Reihenfolgen ihre Ordnung beibehalten. Überdies, damit ein solcher Fehler in Zukunft nicht mehr geschehe, beschließt die heilige Synode, daß immer nach 300 Jahren ein Bisextus auszulassen ist. Und damit niemand behaupten kann, dieses feierliche Dekret nicht richtig verstanden zu haben, sollen alle Erzbischöfe und Bischöfe befehlen und anordnen, daß bis zum bevorstehenden Fest der Geburt der gesegneten Jungfrau im genannten Jahr 1440 ebendieses Dekret in jeder Kathedrale und in jeder Pfarrkirche einer Diözese publik gemacht wird, außerdem an allen Sonntagen ab dem genannten Fest der Geburt der Maria bis zum Fest der gesegneten Apostel Simon und Judas, und von da an ist dieser vorteilhaften Anordnung von allen übereinstimmend Folge zu leisten.

Was schließlich die Vermeidung von Rechtsfällen betrifft, die sich möglicherweise aus dieser Reform ergeben könnten, so beschließt diese heilige Synode für alle und jeden, daß für jene, die eine Schuld zu bedienen haben, in deren Laufzeit die betreffenden Tage anfallen, sei es ab Vertragsabschluß oder bis zur Fälligkeit der Schuld, diese bestimmten Tage nicht geschuldet sind, und zwar ab dem Jahr, in dem der besagte Modus eingeführt wurde bis zum Zeitpunkt, wo diese Schuld beglichen oder zur Zahlung fällig wird; andernfalls kann vor Gericht Klage geführt werden, daß die Dauer einer solchen Schuld um acht Tage verkürzt wird.

Anhang C.
Biografische Notizen zu Nikolaus von Kues [12]

Nicolaus von Cusa oder Cusanus, Cardinal und Bischoff zu Brixen, hatte seinen Zunamen von seinem Geburts-Orte, einem kleinen Dorff an der Mosel in dem Ertz-Stifft Trier, allwo sein Vater ein Fischer, Namens Krabsheim, soll gewesen seyn, bekommen. Er war ein Mann von ungemeiner Gelehrsamkeit und Gaben, insonderheit ein vortrefflicher Jurist und Theologus. Er durchstieg fast alle geistliche Würden, und suchte anfangs das Ansehen des Concilii zu Basel gegen den Papst zu behaupten. Allein 1437 ließ er sich bewegen, auf des Papsts Seite zu treten. Er kam hierauf als Gesandter etliche mahl nach Deutschland, theils den Kayser und die Deutschen Fürsten gegen das Concilium aufzuhetzen, theils auch um das so genannte heilige Creutz zu predigen, und die Fürsten des Reichs zu einem Zuge wider die Ungläubigen anzureitzen, welche Mühe aber vergeblich war. Wegen des Concilii bediente er sich des seltsamen Grundes, man hätte darum von selbiger Versammlung nichts gutes zu hoffen, weil Basel unter einem schlimmen Gestirne läge. Er bekam 1448 von dem Papst den Cardinals-Hut, und 1450 wurde er Bischoff u. Fürst zu Brixen, gerieth aber 1460 mit dem Ertz-Hertzog Sigismund von Oesterreich wegen Verbesserung des Klosters Sonnenberg in große Streitigkeit, welcher ihn zu Brauneck belagerte und

---

[12] Zedler, *Grosses vollständiges Universal Lexicon aller Wissenschafften und Künste*, Halle und Leipzig 1732 ff. (Reprint Graz 1961 ff.).

gefangen nahm, darüber aber mit dem Päpstlichen Bann beleget wurde. Hierauf starb der Cardinal zu Todi in Italien den 12. August 1464 im 63. Jahre seines Alters. Er stifftete das Hospital St. Nicolai nahe bey Cusa, seinem Geburts-Ort, und versahe es mit einer herrlichen Bibliothec von Griechischen und Lateinischen Verfassern, gleichwie er selbst viele herrliche Schrifften, welche 1514 zu Paris, und hernach 1565 in 3 Folianten zu Basel aufgelegt worden, verfertiget. Es sind in denselbigen:

de visione Dei.
de docta ignorantia libri III.
Apologia doctae ignorantiae.
de reparatione Kalendarii.
de cribrationibus Alcorani libri III.
de venatione sapientiae.
de ludo globi mystice.
adversus Boemos.
conjecturarum de novissimis diebus libri II.
de tlato Patris luminum.
de quaerendo Deo.
Directorium speculantis.
de filiatione Dei.
Dialogus de Genesi.
de concordantia catholica libri III.
Sermones per annum & epistolae ad diversos.
de Mathematica perfectione.
de berillo.
de apice theorica.
de quadratura circuli.
de fortuna.

Dialogus de Deo abscondito.
de annunciatione Dominica.
Excitationum libri X.
Idiotae libri IV.
de finibus & chordis.
Correctio tabularum Alphonsi.
de Arithmeticae complementis.
de transmutationibus geometricis.
Dialogus de staticis experimentis, der auch besonders gedruckt, Straßburg 1550 in 4.
Complementum theologicum.

Aus seinen Gedancken von dem künfftigen Zustand der Kirchen haben einige ihm Schuld geben wollen, daß er derselben Unfehlbarkeit geleugnet.

Endnoten

i

Die „Lichter" sind Sonne und Mond, und ihre Konjunktion bemißt sich nach Monaten (hier mit 30 Tagen gerechnet). Cusanus sagt uns leider nicht, wer die Dauer eines Monats (!) als „Jahr" bezeichnete. Eine mögliche Erklärung für diese seltsame Gleichsetzung weist ins Alte Testament, wo die Lebenszeiten der Patriarchen als 12-fach überdehnt erscheinen: Methusalem hätte dann vielleicht nicht 969 Jahre, sondern nur 969 Monate gelebt, und somit gut 80 Jahre, was für die damalige Zeit immer noch ein ordentliches Alter gewesen wäre. Es ist denkbar, daß sich Cusanus auf diesen Kontext bezog und diese biblischen Lebensalter stillschweigend oder aufgrund eines uns nicht bekannten Hintergrundwissens in Monaten rechnete.

ii

Daß die Chaldäer die Quartale angeblich als Jahre bezeichneten, ist eine sehr gewagte Behauptung! Diese Textstelle könnte analog dem obigen Fall so gedeutet werden, daß Cusanus aufgrund chronologischer Überlegungen eine solche kalendarische Anomalie annehmen mußte, da ihm die chaldäischen Zeitalter um den Faktor 4 zu lang schienen. Stattdessen nahm er zugunsten eines plausibleren Geschichtsverlaufes an, daß die Chaldäer die Quartale als Jahre bezeichneten, was aus heutiger Sicht natürlich absurd ist. Falls aber die Chaldäer ihre Geschichtsschreibung tatsächlich nach Quartalen periodisierten und dies später falsch im Sinne von Jahren

95

interpretiert wurde, dann würde die chaldäische Geschichte tatsächlich eine viermal zu lange Zeitspanne abdecken. Interessant ist hier etwa die Tatsache, daß von älteren Chronologen die erste babylonische Epoche, die bei ihnen auch den Beginn der chaldäischen Ära anzeigte, ins Jahr 2232 v.CHR gesetzt wurde, wohingegen die modernen Historiker das eigentliche Chaldäerreich viel später in die Zeit von 626 – 539 v.CHR verlegen, was etwa eine vierfache Verkürzung darstellt, wenn man ab der Christus-Epoche rückwärts rechnet. Genau genommen käme man mit der Division 2232/4 ins Jahr 558 v.CHR, und das ist tatsächlich höchst bemerkenswert, weil just in diesem Jahr Kyros I das Perserreich der Achaimeniden gründete. Dies mag ein Zufall sein oder aber ein Hinweis, aus welchen Quellen Cusanus die Länge des chaldäischen Jahres schöpfte. Ebenfalls um das Jahr 558 v.CHR hatte der Prophet Daniel seine Vision der vier Weltreiche, die dem Gottesreich vorangehen. Es ist angesichts des zeitlichen Kontextes nicht auszuschließen, daß die Prophezeiung der „4 Weltreiche" eine Anspielung auf eine Chronologie ist, die sich von der gängigen um den Faktor 4 abhebt. Das Problem der „Vierheit" begegnet uns ja auch bei der Olympiadenrechnung und bei den Julianischen Schaltjahren.

iii

Romulus und seine altrömische Zeitrechnung werden hier als Quellen der Astrologie bezeichnet. Heutzutage gelten die Chaldäer als Erfinder der Astrologie, die aber, wie oben gezeigt, angeblich noch nicht einmal fähig waren, Quartale von Jahren zu unterscheiden. Bemerkenswert ist auch die Aussage, daß die astrologischen Charaktertypen das Jahr nur 10-fach und nicht 12-fach unterteilen! Es gibt Hinweise (s. u.), daß die astrologische 12-Teilung des Himmels erst im 12. Jh. erfunden wurde. Allerdings bliebe dann immer noch unklar, wie das ältere astrologische 10-Monate-Jahr zu verstehen wäre: Hatten die jeweiligen Monate im Schnitt 36.5 Tage, oder war das Sonnenjahr nur 10 Mondmonate lang, oder gleiteten die 10 astrologischen Monate phasenverschoben zu den Sonnen- bzw. Mondjahren, so daß ein bestimmtes Zeichen einmal im Sommer, dann im Frühling usw. wirksam sein konnte, d.h. in jedem Jahr in eine andere Jahreszeit fiel? Aber vielleicht handelt es sich auch nur um ein grundlegendes Mißverständnis. In der *Astronomica* des Manilius (um die Zeitenwende) haben wir vermutlich die älteste bekannte astrologische Abhandlung vorliegen – und dort ist durchaus von den 12 Zodiakzeichen die Rede, die aber auch in 10 Charaktertypen bzw. Polaritäten eingeteilt werden: *Geschlecht* (männlich/weiblich), *Biologie* (menschlich/tierisch), *Gruppierung* (einzeln/vereint), *Richtung* (aufrecht/verkehrt), *Tageszeit* (Tag/Nacht), *Beschaffenheit* (wäßrig/trocken/gemischt), *Fruchtbarkeit* (fruchtbar/steril), *Position* (gehend/stehend/liegend), *Eigenheiten, Jahreszeiten.*

iv

Man wird hier das konventionelle Schaltjahr vermuten dürfen, doch die ursprüngliche Funktion des Bisextils ist keineswegs klar, wie weiter unten noch gezeigt wird.

v

Für Stegemann ist mit diesen „Griechen" eigentlich das klassische Griechentum des 5. - 4. Jh. v.CHR bezeichnet, doch bei Cusanus ist diese Stelle offensichtlich anders aufgefaßt: „Für ihn sind es die kaiserzeitlichen Griechen und, davon nicht geschieden, vielfach auch die byzantinischen. Solche Verwechslung der alten und späteren Griechen ist Cusanus in der Correctio kalendarii auch sonst gelegentlich unterlaufen." Demnach war Cusanus scheinbar nicht fähig, die „klassischen Griechen" von den neueren (kaiserzeitlichen und byzantinischen) zu unterscheiden, d.h. Cusanus, einer der klügsten Köpfe seiner Zeit, wäre nicht in der Lage gewesen, einen Epochenunterschied von 1000 Jahren zu bemerken?!

vi

Die sogenannte Sothis-Periode: Nach 1460 Julianischen Jahren zu 365.25 Tagen bzw. 1461 ägyptischen Jahren zu 365 Tagen war die Abweichung von einem Vierteltag pro Jahr gerade wieder zu einem vollen Jahr angewachsen und die beiden Kalender somit wieder synchron. Beachtenswert sind hier die Synochen 1460 URB = 753 JUL / 753 URB = 1 CHR, d.h. die Sothis-Periode ist über die Gründungsepoche der Stadt Rom und die Julianische Epoche mit der christlichen Jahreszählung verknüpft.

vii

Daß die koptische Zeitrechnung ursprünglich ab Alexanders (des Grossen) Tod rechnete, widerspricht natürlich der gängigen Chronologie, die zwischen diese beiden Epochen etwa 600 Jahre legt. Es wäre ja auch schwer einzusehen, weshalb die christlichen Kopten ihre „Märtyrerära" auf einen vorchristlichen persischen König hätten beziehen sollen. Durch diesen Bezug würde nämlich Alexander der Grosse zu Diokletian bzw.

umgekehrt. Stegemann hat darum seine liebe Mühe, diese chronologische Schieflage ins Lot zu rücken, und er führt die Tatsache, daß die Ära „vom Tode Alexanders" (324 v.CHR) angeblich von den Arabern mit „Koptenjahren" bezeichnet wurde, auf den Umstand zurück, daß (der Kopte?) Ptolemäus diese Ära oft in seinem Sternkatalog Almagest benutzte. Die einzige bekannte „Alexanderära" war aber die Ära der Seleukiden (auch bekannt als „syromakedonische" Ära) 312 v.CHR, die ausgerechnet von den Arabern nach Alexander benannt wurde.

viii

Offensichtlich ist hier einer der Herrscher namens Nebukadnezar gemeint, also entweder Nebukadnezar I (ca. 1123-1101 v.CHR) oder Nebukadnezar II (605-562 v.CHR). Unter dem zweiten ereignete sich die Zerstörung Jerusalems (587 v.CHR) und der Beginn des sogenannten Babylonischen Exils der Juden, was durchaus eine Epoche markieren könnte, allerdings eine der Juden und nicht der Ägypter. Wenn aber tatsächlich von einer ägyptischen Epoche die Rede ist, dann müßte wohl die Ära Nabonassars gemeint sein (747 v.CHR). Hier scheint Cusanus etwas durcheinander zu bringen – oder aber die lehrbuchmäßige Sicht auf die Ereignisse ist falsch. Für Stegemann handelt es sich bloß um eine „Verwechslung von Nabunasir (747-734) mit dem Nabuchodonosor des Alten Testaments, den wir als Nebukadnezar kennen". Er kann aber nicht erklären, wie diese Verwechslung überhaupt zustande kam, zumal sie offenbar schon sehr alt ist.

ix

Die mohammedanische Zählung „ab Hegira" („Hedschra") bedeutet eigentlich „ab der Flucht", nämlich ab der Flucht Mohammeds aus Mekka nach Medina anno 622. Es ist nun nicht klar, warum Cusanus auf die Idee kommen konnte, daß damit ein „Krieg" gemeint war. Beim Wort „Higera" könnte es sich um eine Verschreibung handeln, in der Cusanus irrtümlicherweise das Wort „gera = guerra = Krieg" identifizierte. Das würde aber bedeuten, daß er die politisch-religiösen Hintergründe des Islams und damit seine Entstehungsgeschichte überhaupt nicht kannte. Oder aber das Wort „Higera" ist älter und bezeichnet wirklich einen Krieg und damit eine andere Begründung einer Epoche als „Hegira", mit dem später vielleicht eine Umdeutung der Ereignisse in Mekka vollzogen wurde. Warum eine schmähliche Flucht eine Epoche begründen soll, ist ja durchaus nicht nachvollziehbar, zumal diese Epoche nicht von Mohammed selbst, sondern von späteren islamischen Herrschern erfunden wurde, die ihre Machtposition vor allem durch Kriege erlangten.

x

All diese Epochen leiten sich von mächtigen Persönlichkeiten her, die als Gründerfiguren gelten können. Interessant ist der Hinweis, daß die Römer die Zählung ab Diokletian „lange Zeit" benutzten, obwohl doch die Zählung im spätrömischen Reich angeblich bald einmal auf die Christusepoche umgestellt wurde. Tatsächlich lange Zeit – nämlich bis heute – wurde und wird die diokletianische Zeitrechnung hingegen von den Kopten benutzt.

xi

Die Zeit von 283 CHR bis 500 CHR, in der die
diokletianische Zeitrechnung in Gebrauch war, ist aus
historischer Sicht keine „lange Zeit". Allerdings haben
auch nur die „Christen" ihre Zeitrechnung geändert, was
bedeuten würde, daß die „Römer", die offenbar keine
Christen wurden, an ihrer Zählung ab Diokletian noch
lange festhielten.

xii

Aus Toledo sind folgende Konzilien überliefert:
400, 447, 531, 589, 597, 610, 633, 636, 638, 646, 653, 655,
656, 675, 681, 683, 684, 688, 693, 694, 701, 1324, 1473,
1575.

Hier fällt natürlich der Sprung von 701 nach 1324 sofort
ins Auge! Die gängige Erklärung hierfür ist, daß Toledo
in der fraglichen Zeit unter muslimischer Herrschaft (712-
1085) stand und daher dort keine christlichen Konzilien
abgehalten werden konnten. Doch es handelt sich hier
zweifellos um eine chronologische Verwerfung, die
aufgrund der Differenz von 623 Jahren im Zusammenhang
mit der mohammedanischen Zeitrechnung stehen dürfte
(623 CHR = 1 MOH). Eine Identität der Konzilien von
701 und 1324 ist insofern nicht ganz abwegig, als es vom
Konzil von 701 zufälligerweise keine Akten gibt. Für
Cusanus entsprechen nun die Konzilien um „500" der
christlichen Zeitrechnung; wenn man aber die Jahre nach
1300 als christlich annimmt, dann müßten aufgrund der
offensichtlichen Epochenverschiebung die Jahre vor 700
als mohammedanisch bezeichnet werden. „Frühes

Christentum" könnte also „muslimisch" bedeutet haben. Es besteht auch ein zusätzliches Abgrenzungsproblem gegenüber den arianischen Westgoten, die in Spanien ein Reich etablieren (507-711), von dem Toledo ab 534 die Hauptstadt ist. Dies könnte ein Hinweis darauf sein, daß der Arianismus eine frühe Spielart des Islams war.

xiii

Das Wort „era" leitet sich angeblich von lat. *aes/aeris* (= Bronze) ab, doch noch besser könnte man es aus dem gotisch-germanischen *jera/jahr* herleiten, wie dies auch Cusanus feststellt, wenn er sagt, daß die Alten (und wohl auch Isidor) damit das Jahr bezeichneten. Nun stellt sich hier die Frage, ob (und wie) die Wörter für „Jahr" und „Bronze" allenfalls aus derselben Wurzel stammen konnten. Eine Erklärung hierfür dürfte der gallo-lateinische Mond- und Sonnenkalender liefern, der anno 1897 aus einem Acker bei Coligny (östlich von Lyon) gepflügt wurde. Er ist gänzlich aus Bronze gefertigt. Damit gibt es zwei Erklärungsmodelle, wie jeweils das eine vom anderen Wort abstammen konnte: Entweder waren solche Jahreskalender eine der ersten Anwendungen der neuen Bronzetechnologie (dann würde die „Bronze" vom „Jahr" abstammen), oder der Kalender war ein neuartiges Konzept, den man wegen der besseren Haltbarkeit („immerwährender Kalender") auf dem schon bekannten und als für den Zweck geeignet angesehenen Material Bronze anfertigte (dann würde „Jahr" von „Bronze" abstammen). Man beachte auch, daß die von Cusanus gelieferten chronologischen Bezüge (Hinweis auf die Konzilien von Toledo, Einführung des Begriffes „Ära") in der kursiv gehaltenen Textfassung stehen, so daß man vermuten kann, daß sie zu einer Zeit nachgereicht wurden, als man eine bessere Vorstellung der vergangenen Epochen und Ären zu haben glaubte.

xiv

Stegemann denkt hier „an den Jahresanfang des makedonischen Kalenders mit dem Monat Dios, der später dem Oktober des Julianischen Kalenders (in Ägypten) entspricht." Die Erwähnung der Perser in diesem Zusammenhang ist ihm ein Rätsel. Cusanus hatte offenbar noch Kenntnis von einer älteren Zeitrechnung der Perser, die den neueren Chronologen nicht mehr bekannt ist. Man nimmt zwar an, daß die alten Perser der vorislamischen Zeit (d.h. noch unter den Sassaniden) eine eigene Zeitrechnung besaßen (die offenbar, wie Cusanus andeutet, mit derjenigen der Griechen und Ägypter kompatibel war), doch gibt es aus jener Epoche keine schriftlichen Überlieferungen, die irgendwelche diesbezüglichen Rückschlüsse zulassen würden. Es könnte sich aber auch um ein simples Identifizierungsproblem handeln, indem nämlich Cusanus Leute als „Perser" bezeichnete, die es nach heutigem Verständnis eigentlich nicht waren. Weiter oben behauptet er, daß die Perser ihre Jahre ab Jesdargit zählen, womit klar die klassische persische Epoche (16.6.632) gemeint ist. Entweder ist hier von verschiedenen Persern die Rede (was aber nicht der Fall sein dürfte, denn wenn Cusanus von „Persern", „Griechen" usw. spricht, dann meint er nicht historische Völker, sondern Zeitgenossen), oder Cusanus ist über die Epoche der Perser völlig falsch unterrichtet (man kann ja nicht so leichthin die Monate Juni und Oktober verwechseln!), oder aber die persische

Epoche wurde von neueren Chronologen ganz anders plaziert. Nun war man sich noch im 17. Jh. keineswegs darüber einig, ob die Epoche Jezdegirds ab seiner Thronbesteigung oder ab seinem Tod zu rechnen sei. Cusanus wäre dann ein Anhänger der älteren Theorie gewesen, die sich nicht durchsetzen konnte. Doch abgesehen davon scheint Cusanus auch nicht mitgekriegt zu haben, daß die Perser unterdessen (nämlich seit dem Jahr 1079) nach der „neupersischen Epoche" rechneten. Das könnte aber daran liegen, daß diese neupersische Epoche erst nach Cusanus gegründet wurde, z.B. im Jahr 1448. Es sind nämlich folgende Synochen zu beachten, die eine enge und beinahe zyklische Verzahnung zwischen der persischen und der christlichen Zeitrechnung vermuten lassen: 1 NPR = 448 APR, 1448 CHR = 369 NPR, 369 APR = 1001 CHR. Man könnte diese Synochenreihe so interpretieren, daß in einem Jahr (1)448 einer bestimmten Ära eine neue Epoche begründet wurde – angeblich die (neu)persische, doch in Wahrheit die christliche, während die (neu=alt)persische Epoche in ein Jahr (10)79 zeigt und damit 369 Jahre älter ist. Daß die persische Epoche tatsächlich 368 v.CHR angesetzt werden könnte, ergibt sich indirekt aus der Synoche 1380 NAB = 1 APR. Man hat nämlich bei der Festlegung der altpersischen Epoche (632 CHR) ausdrücklich auf die nabonassarische Ära (NAB, 747 v.CHR) Bezug genommen, da diese damals angeblich noch so gut bekannt war. Doch nach konventioneller Rechnung liegen die Epochen NAB und APR 1379 Jahre auseinander, was natürlich viel zu viel ist! Wenn wir hier mit dem in solchen Fällen üblichen Abschlag von 1000 Jahren operieren, d.h. mit kulturell noch erinnerbaren 379 Jahren, dann ergibt

sich folgende Rechnung: Epoche NAB plus 379 Jahre =
Epoche APR, oder in Zahlen: 747 v.CHR + 379 Jahre =
368 v.CHR. Somit ergibt sich anstatt 369 APR = 1001
CHR die vermutlich wahre Synoche 369 APR = 1 CHR.
Dies erinnert uns an die 4-fach zu lange chaldäische Ära:
Wenn wir nämlich die Differenz zwischen der ersten
babylonisch-chaldäischen Epoche (2232 v.CHR) und der
Epoche ab Gründung der Stadt Rom (753 v.CHR) als 4-
fach zu lange betrachten, dann ergibt sich folgende
Rechnung: 1469/4 = 369.75. Das ist ein weiteres Indiz
dafür, daß die „chaldäisch-persische" Epoche ca. 369
Jahre vor der „römisch-christlichen" Epoche anzusetzen
ist.

xv

Die klassische Chronologie kennt nur zwei Epochen, die
mit dem Sommersolstitium (SS) gekoppelt sind, nämlich
die kalippische Periode (Neumond nach SS 330 v.CHR)
und die Ära der Olympiaden (Neumond nach SS 776
v.CHR). Die Jahresanfänge der muslimischen Araber
hingegen – falls diese gemeint waren - sind infolge des
reinen Mondjahres gleitend. Es ist deshalb nicht klar,
worauf sich Cusanus hier bezog.

xvi

Man beachte, daß Cusanus von den Jahresanfängen der
Römer, Juden etc. in der Gegenwart spricht!

xvii

Eine „Antizipation" ist eine „Vorwegnahme" und somit in
der Wirkung eigentlich das Gegenteil dessen, was wir
heute mit dem Schalttag bezwecken. Unser Schalttag

bewirkt ein Hinausschieben: nach einem Schaltjahr findet der nächste Jahresanfang einen Tag später statt als normal. Die Antizipation der Perser und Ägypter hätte aber eine Verkürzung bedeutet: nach einem Schaltjahr wäre das neue Jahr einen Tag früher („antizipiert") eingetreten als üblich. Eine solche Regel ist bei einem Sonnenjahr schwer vorstellbar, da ein Schaltjahr von 364 Tagen den ohnehin vorhandenen Fehler von einem Tag in vier Jahren verdoppeln würde. Eine solche Schaltregel ergäbe nur dann einen Sinn, wenn das Sonnenjahr 364.75 anstatt 365.25 Tage hätte. Es könnte sich aber bei dieser Antizipation auch um eine Schaltung von Mondjahren handeln, indem man das normale Kalenderjahr etwas länger als ein synodisches Mondjahr dauern ließ und alle paar Jahr durch Weglassung eines Tages den Kalender mit dem wahren Mondstand wieder synchronisierte. Im alten Rom zählte das Jahr des Numa 355 Tage und somit Bruchteile eines Tages länger als das Mondjahr. Damals hätte man also mit einer geeigneten Antizipation – ein Schaltjahr von 354 Tagen alle vier Jahre - schalten können. Allerdings müßte für diesen Schaltzyklus der synodische Monat eine Länge von 29.56 Tagen haben – also etwas mehr als die 29.53 Tage, die er heute hat. Es ist durchaus denkbar, daß dies zur Zeit der alten Römer der Fall war, da die Umlaufzeiten von Planeten und Monden über lange Zeiträume nicht konstant sind. Natürlich sind aus jener Zeit keine vertrauenswürdigen Aufzeichnungen über die Länge der Jahre und Monate überliefert, womit alles Spekulation bleibt.

xviii

Eine etwas verwirrende Stelle, wenn man von der konventionellen Vorstellung ausgeht, daß die Araber und Juden ganz oder teilweise einen lunaren Kalender benutzten, hingegen die Ägypter und Perser nach dem Sonnenkalender rechneten. Die jeweilige Art der Schaltung kann daher eigentlich überhaupt nicht „ähnlich" gewesen sein! Die „30 Umläufe" werden meistens als 30 Mondjahre interpretiert. Die Synchronisation von kalendarischen Mondjahren (354 Tage) mit synodischen Mondjahren (354.36 Tage) erfordert in 30 kalendarischen Mondjahren 11 Schaltjahre zu 355 Tagen. Es wird also mit einer Differenz von 11/30 (= 0.367) Tagen gerechnet. Demgegenüber scheint es sich bei den Schaltungen im jüdischen Kalender (7 Schaltungen in 19 Jahren) um etwas ganz anderes zu handeln, denn dort werden alle paar Jahre „Lunationen", d.h. ganze Monate geschaltet (ein Schaltjahr hat dann 384 anstatt 354 Tage). Aber vielleicht handelt es sich hier um ein historisches Mißverständnis: 7 Schaltungen in 19 Jahren lassen ja auf eine Differenz von 7/19 (= 0.368) schließen, und das wäre fast identisch mit dem Schalttakt der Araber, wenn man dieselbe Basis (Mondjahr) zugrunde legt. Die etwas seltsame jüdische Schaltregel mit einem unregelmäßigen Schaltjahr von 384 Tagen mutet tatsächlich etwas weltfremd und praxisfern an (zumal sie auch noch ungenau ist).

xix

8. Kalend April = 25. März nach konventioneller Rechnung.

xx

Die Jahrzählung „ab incarnatione" („ab Fleischwerdung")
bezeichnet also nicht die Epoche ab Christi Geburt, wie
oft angenommen wird, sondern ab Christi Empfängnis; die
Differenz von 9 Monaten mag in chronologischer Hinsicht
unbedeutend erscheinen, sie ist es aber nicht, wenn man
die Christusepoche unter astrologischen Aspekten
betrachtet.

xxi

So wie es weiter oben einen Unterschied zwischen
Römern und Christen gab, so gibt es hier einen
Unterschied zwischen Italienern und Christen in der
Usanz des Jahresanfangs. Wir wissen alle, daß sich hierbei
der italienische Kalender im Sinne des „bürgerlichen
Jahres" durchgesetzt hat - aber warum? Die Römer stellten
den Jahresbeginn angeblich anno 153 v.CHR (= 600
URB) vom 1. März auf den 1. Januar um. Nun ist aber der
Jahresbeginn „1. Januar" geradezu programmatisch für
die Julianische Epoche (und davon abgeleitet für den
bürgerlich-christlichen Kalender). Man fragt sich deshalb,
warum der entscheidende Kalendersprung schon gut 100
Jahre vor Julius Cäsar vollzogen wurde.

xxii

Der Hinweis auf die Jahreszählung der Chaldäer bezieht
sich wohl auf die seltsamen „Jahre" zu 3 Monaten, jeweils
von den Äquinoktien zu den Solstitien gerechnet (s.o.).

Eine Lunation ist ein wahrer Mondmonat, also z.B. die Zeit von Neumond zu Neumond - nach heutigem Wissen 29.53 Tage.

Wir müssen diese Aussage wohl so verstehen, daß Julius Cäsar von den Griechen sowohl die 30-tägigen Monate als auch das 365-tägige Jahr übernahm, wobei er die notwendigen Schaltungen monatsweise über das Jahr verteilte und nicht wie die Griechen in einem Rutsch am Ende des Jahres vornahm. Das hätte ein Jahr mit 7x30 und 5x31 Tagen zur Folge gehabt, tatsächlich ist jedoch ein Jahr mit 7x31, 5x30 und 1x28 Tagen daraus geworden. Stegemanns Deutung dieser Textstelle geht in eine ganz andere Richtung, wobei er sinnigerweise das, was Cusanus explizit sagt, ganz einfach ignoriert… Während nämlich Cusanus unmißverständlich auf das Sonnenjahr der Griechen Bezug nimmt, glaubt Stegemann, daß hier vom Mondjahr des Numa die Rede sei, welches Julius Cäsar reformierte. Nun gibt es leider keine sichere Kunde darüber, wie es die Römer vor Julius Cäsar mit der Jahreslänge und den Monaten hielten; es gibt dazu nur wilde Spekulationen (Jahre mit 10 Monaten, 304 Tagen etc.), aber leider keine sicheren Erkenntnisse. Zu beachten ist jedoch, daß ausgerechnet der Februar alle kalendarischen Anomalien auf sich lädt: er ist kürzester Monat und Schaltmonat. Diese Abweichung von der Norm paßt gut zu einem letzten Monat im Jahr, und das war der Februar einst, als man den ersten Frühlingsmonat, d.h. der Monat, in dem das Frühlingsäquinoktium liegt, als ersten Monat des Jahres betrachtete.

Hier vergleicht Cusanus scheinbar Äpfel mit Birnen, da einerseits vom 365-tätigen Jahr der Griechen und Römer, anderseits vom 354-tägigen Jahr der Araber die Rede ist. Insofern spielt es auch keine Rolle, ob die Araber mit ihrer Methode genauer waren. Da aber Cusanus schon weiter oben bei den Schaltmethoden Sonnen- und Mondjahre nicht wirklich unterschied (die Araber mit ihren Mondjahren machen es „ähnlich" wie die Ägypter mit ihren Sonnenjahren...), stellt sich die Frage, ob die Römer auch unter Julius Cäsar noch immer mit Mondjahren rechneten – und dann wäre der Vergleich sinnvoll.

xxvi

Man könnte das so interpretieren, daß jede der genannten Kulturen nicht nur eine eigene Epoche kannte, sondern auch einen jeweils anderen Planetengott anbetete, und es gab genau so viele Tage in der Woche, wie es anbetungswürdige Götter (= Planeten) gab.

xxvii

Vermutlich sind mit den „Heiden" die Römer gemeint. Das wäre insofern schlüssig, als diese Tradition der Wochentage von den Heiden über die Heidenchristen bis zu den modernen westeuropäischen Völkern immer unter der Obhut der römischen Kirche blieb.

xxviii

Die Christen scheinen also in der Ablehnung der heidnischen (= heidenchristlichen?) Praxis den Juden gefolgt zu sein, was sie zu Judenchristen machen würde.

Da die abendländischen Christen heute immer noch (oder wieder?) die heidnischen Tagesbezeichnungen führen, kann man annehmen, daß die Christen unter Papst Silvester noch immer Juden(christen) waren. Dies könnte durchaus – selbst nach konventionellen Maßstäben - noch zur Zeit von Papst Silvester I (314-335) der Fall gewesen sein.

xxix

Man kann nur ganze Tage schalten, also in diesem Fall 21 oder 22 Tage und nicht 21.25 Tage. Da diese „Schaltung" aber einen Vierteltag beinhaltete, kann man annehmen, daß im Grunde etwas anderes gemeint ist, etwa die Einführung einer neuen Jahreslänge von bisher 344 Tagen auf neu 365.25 Tagen (mit der Differenz von 21.25 Tagen). Dieses 344-tägige Jahr könnte nun das berühmte „Jahr der Verwirrung" gewesen sein, das Cäsar benötigte, um vom alten in den neuen Kalender zu schalten. Über die Länge dieses „Interkalars" herrscht bei den antiken Autoren keine Einigkeit; Macrobius (5. Jh.) nennt 443 Tage, was verdächtig wie eine Umkehrung von 344 aussieht. Einzig Solinus (2. Jh.), für den Scaliger nur Verachtung übrig hatte, der aber die Quelle für Cusanus gewesen sein dürfte, gibt diesem Interkalar 344 Tage. Es fällt tatsächlich schwer zu glauben, daß ein Interkalar länger dauern sollte als ein normales Jahr, da Schaltungen immer und einfacher über Zeitabschnitte, die kürzer als ein Jahr sind, bewältigt werden können. Wieviel Tage Julius Cäsar schaltete, wissen wir natürlich nicht, denn die von Cusanus genannten 21.25 Tage ergeben sich einfach aus der Rechnung 365.25 minus 344, also der Differenz zwischen wahrem Sonnenjahr und der von Solinus überlieferten Länge des Julianischen Interkalars. Nehmen wir mal hypothetisch an, die von Solinus überlieferte Länge des Interkalars sei – trotz aller Anfeindungen seit Scaliger – die richtige; und nehmen wir weiter an, die von Julius Cäsar verordnete Kalenderreform habe einem Mondkalender von 354 Tagen gegolten: Dann hätte die Kalenderreform im Endeffekt darin bestanden, durch Weglassung von 10 Tagen eine Synchronisation zwischen bürgerlichem Kalender und astronomischen Tatsachen herzustellen. Dieses Schema kommt uns bekannt vor: Bekanntlich hat Papst Gregor XIII anno 1582 eine Kalenderreform veranlaßt, die im Effekt darin bestand, daß in einem Interkalar 10 Tage gestrichen wurden, um den Kalender wieder mit den astronomischen Zyklen zu synchronisieren.

xxx

Die Priester scheinen sich also um Cäsars Edikt nicht groß gekümmert zu haben – sie benutzten weiterhin eine Schaltregel, die schon vor Cäsar in Gebrauch war; erst Augustus soll diese Unterlassung gemerkt und die 4-jährige Schaltregel durchgesetzt haben. Dies läßt aber vermuten, daß überhaupt erst Augustus die 4-jährige Schaltregel erfand, daß also die Geschichte von der Mißachtung der Julianischen Kalenderreform durch die römischen Priester eine nachgereichte Legende ist, um eine chronologische Anomalie zu verdecken. Man beachte auch, daß Macrobius als die einzige Quelle dieser Vorgänge angeblich 400 Jahre später lebte, was wiederum nur zwei Schlüsse zuläßt: entweder kannte Macrobius aus dieser zeitlichen Distanz die Fakten nicht – oder er lebte keine 400 Jahre später.

Im Endeffekt läuft es darauf hinaus, daß der Julianische Kalender, der schließlich die Basis der römisch-katholischen Liturgie bildete, vom römischen Kaiser Augustus zufälligerweise genau dann durchgesetzt wurde, als Jesus Christus, der Heilsbringer der von den Römern verfolgten Judenchristen, lebte und wirkte. Entweder ist hier beim historischen Rückblick einiges durcheinander geraten bzw. manipuliert worden, oder es gibt noch kaum verstandene Zusammenhänge zwischen Cäsarentum und Christentum.

xxxii

Gemäß Stegemann sind hier die Chaldäer mit den Christen des kaiserzeitlichen Ägyptens verwechselt worden. Falls aber seitens Cusanus' keine Verwechslung vorlag, dann wären nach dieser Logik die Chaldäer identisch mit den kaiserzeitlichen Christen in Ägypten, d.h. sie wären Kopten. Inwiefern und wann die Chaldäer die Römer kulturell beeinflußten, steht aber in den Sternen, denn angeblich schon 137 v.CHR wurden alle Chaldäer wegen „betrügerischer Sterndeuterei" aus Italien weggewiesen. Bei dieser drastischen Maßnahme, die sich nach Diskriminierung und Verfolgung einer Minderheit anhört (etwa durch die häufig vorgenommene Gleichsetzung „Chaldäer = Juden"), könnte es sich auch nur um ein Berufsverbot für Astrologen gehandelt haben.

xxxiii

Hier nun nennt Cusanus seine wichtigsten Quellen: Augustinus, Beda, Solinus, Ptolemäus, ebn Ezra,

Macrobius und Ovid. Und er fordert seine Leser (d.h. die Konzilsteilnehmer) geradezu auf, diese Werke zu konsultieren, d.h. er setzt wie selbstverständlich voraus, daß jeder interessierte und genügend gebildete Leser problemlos auf die genannten Werke zugreifen kann. Dieser als Selbstverständlichkeit vorausgesetzte Zugang zu klassischen Werken aus einer Zeitspanne von mehreren Jahrhunderten muß uns doch überraschen angesichts des Umstandes, daß es zu Cusanus' Lebzeiten angeblich noch keine gedruckten Bücher gab. Wie soll man sich das vorstellen? Hatte jede größere öffentlich zugängliche Bibliothek handgeschriebene Kopien dieser oft mehrbändigen Werke? Oder sollte vielleicht auch die Geschichte des Buchdrucks neu geschrieben werden?

xxxiv

Diese Aufzählung von früheren Gelehrten, zu deren Wirkungszeit das Äquinoktium auf einen bestimmten Tag fiel, enthält einen offensichtlichen Anachronismus: Ptolemäus (2. Jh.) hätte gemäß gängiger Chronologie gut 700 Jahre früher gelebt als etwa Thebit (9.Jh.) und dieser nochmals etwa 300 Jahre vor Alpitragius (12. Jh.), so daß das Äquinoktium von den dreien nicht am gleichen Tag hätte beobachtet werden können. Für Stegemann liegt hier zudem eine übersetzerische Fehlleistung vor: „Felix ist eine verkehrte Wiedergabe des Namens des griechischen Astronomen Kallippos. Sie lief dem mittellateinischen Übersetzer des Geminos und Ptolemäus unter, indem dieser in den arabischen Übersetzungen der genannten Werke den Namen fehlerhaft geschrieben vorfand. Aus demselben Grunde ist der Name Hipparch über das Arabische mittellateinisch zu Abrachis geworden." Man könnte aber genauso gut anders herum argumentieren, daß nämlich die arabisch-mittellateinische Konfusion erst nach Cusanus entstanden ist, wodurch aus Namen wie Felix und Abrachis solche wie Kallippos und Hipparch wurden. Auf jeden Fall gilt Kallippos v. Kyzikos als griechischer Astronom, der im 4. Jh. v.CHR wirkte (nach ihm ist die sogenannte Kallippische Periode von 76 Jahren benannt); Hipparch v. Nikaia (ca. 161-127 v.CHR), ebenfalls ein Grieche, gilt als der Begründer der wissenschaftlichen Astronomie und der Trigonometrie und schuf angeblich den ersten Sternenkatalog.

xxxv

Ebn Ezra, aus Toledo gebürtig (ca. 1100-1170), war ein weitgereister und sprachkundiger Universalgelehrter, der sich u.a. um die Auslegung der Bibel verdient gemacht hat. Er verfaßte auch astrologische Werke und übersetzte solche aus dem Arabischen ins Hebräische. Er gilt als der Erfinder der 12-Teilung des Himmels, die sich bekanntlich durchgesetzt hat. Angeblich hatten die alten Römer unter Romulus – d.h. Jahrhunderte vor Christus! - noch eine astrologische 10-Teilung benutzt. Falls nun die 12-Teilung tatsächlich erst eine Erfindung von Ebn-Ezra war, dann müßte eigentlich vor ihm (d.h. im 11. Jh. nach Christus) immer noch die 10-Teilung Usanz gewesen sein. Es wurde aber schon weiter oben darauf hingewiesen, daß das Konzept der 10-Teilung des Himmels auf einem Mißverständnis beruhen könnte…

xxxvi

Alfons X („der Weise"), König v. Kastilien und Leon (1252-82); auf seinen Auftrag hin wurden die

Alfonsinischen Tafeln erstellt, ein astronomisches Tabellenwerk, das noch für lange Zeit ein unverzichtbares Hilfsmittel für die Astronomen bleiben sollte. Die Alfonsinischen Tafeln (1248-1252) dürften mit den angeblich schon einige Generationen früher verfaßten *Toletanischen Tafeln* (ca. 1069) identisch sein; die Synoche 1069 HAS = 1250 PHI könnte diese Diskrepanz erklären. Die Alfonsinischen Tafeln waren ein so bedeutender wissenschaftlicher Meilenstein, daß nach ihnen eine Epoche benannt wurde.

xxxvii

All die genannten Wissenschafter haben angeblich zu völlig unterschiedlichen Zeiten gelebt. Es ist deshalb seltsam, wenn Cusanus deren verschiedene Meßwerte miteinander vergleicht. Entweder hatte er keine Vorstellung davon, daß sich die Jahreslängen im Laufe der Jahrhunderte ändern können, oder er betrachtete diese Gelehrten quasi als Zeitgenossen der Antike, die dennoch auf unterschiedliche Resultate kamen, was er auf die jeweils unzureichenden Meßmethoden zurückführte. Würde man die genannten Werte jedoch als exakt annehmen und zugleich eine kontinuierliche Entwicklung bei der Jahreslänge postulieren, dann müßte man die genannten Personen in die folgende Chronologie bringen: 1. Johannes de Sacrobosco, 2. Ptolemäus, 3. Al Battani, 4. Alfons. Man sieht also, daß nur Sacrobosco aus der Reihe tanzt: er müßte eigentlich zwischen Al Battani und Alfons kommen.

xxxviii

116

Für Messealla liefert Zedler ein Werkverzeichnis, das verschiedene gedruckte Bücher zu astronomischen Themen umfaßt, u.a. eine Ausgabe „Venedig 1439". Dies ist entweder ein Druckfehler (denn der früheste moderne Buchdruck wird nicht vor 1445 datiert), oder aber wir müssen die Geschichte und Chronologie des Buchdrucks grundsätzlich in Frage stellen. Es wurde schon weiter oben festgestellt, daß Cusanus' Quellenangaben den Schluß nahelegen, daß er Zugang zu gedruckten Werken hatte. Falls Messealla und Albumasar (um 840) Zeitgenossen waren (wie anzunehmen ist, da sie im gleichen Kontext genannt werden), dann könnte Messealla sein Buch anno 850 ARM = 1439 SPA zum Druck gebracht haben. Die Ausgabe „Nürnberg 1549" wäre dann vielleicht nur wenige Jahre später gedruckt worden, z.B. 1445 SPA = 1549 HAS.

xxxix

Die Lebensdaten von az-Zarqali (ca. 1029-1087) stehen scheinbar in Widerspruch zu Cusanus' Angaben, denn es gilt die Synoche 429 MOH = 1038 CHR, d.h. die von Cusanus präsentierte Umrechnung von mohammedanischer zu christlicher Ära (429 MOH = 1089 CHR) entspricht nicht den heutigen Annahmen. Denkbar wäre etwa die Alternative 429 APR = 1090 ACT bzw. (1)429 ACT = 1089 DIC. Typisch für solche Situationen ist, daß eine Epoche (hier die aktische) auf beiden Seiten der Gleichung stehen kann. Die aktische Ära wäre dann etwa die um 1000 Jahre verlängerte altpersische Ära, die von Cusanus offensichtlich als die „mohammedanische" angenommen wurde. Auch interessant ist die Synoche 429 ALF = 1091 MOH, die ziemlich genau der „falschen"

Synoche 429 MOH = 1089 CHR von Cusanus entspricht. In diesem Fall hätte Cusanus die alfonsinische Epoche als „mohammedanische" gedeutet und die mohammedanische als „christliche" – oder in Synochen ausgedrückt: 1252 URB = 624 TYR und 623 SLK = 1 DIC.

xl

Laut Stegemann war Thebit kein Christ und er mutmaßt, daß im Text ursprünglich „Charanorum astrologus" stand, was dann zu „Christianorum" verderbt worden wäre. Thebit, der den Beinamen al-Harrani (= „Charanorum") trug, da er aus Harran stammte, darf offenbar kein Christ sein, weil er zu einer Zeit (9.Jh.) in einem Land lebte, als der Islam die totale Herrschaft über Land und Leute ausübte. Aber in Syrien gab es immer Christen, und zwar in jeder Phase der islamischen Herrschaft. Aber vielleicht entstand die Konnotation Charanorum = Christianorum ja auch erst deshalb, weil die ersten Christen aus Harran stammten.

xli

Avicenna (Ibn Sina, 980-1037) war ein persischer Arzt und Philosoph und gilt als wichtiger Vermittler der antiken griechischen Kultur. Laut Stegemann wird ihm in den lateinischen mittelalterlichen Handschriften eine Sternkunde zugeschrieben, die aber angeblich das Buch der Fixsterne des as-Sufi ist. Noch wahrscheinlicher ist allerdings, daß der moderne Historiker die wahren Quellenzusammenhänge gar nicht mehr aufdecken kann, insbesondere dann, wenn er eine falsche Chronologie voraussetzt.

xlii

Stegemann kann mit diesem Azarabel nichts anfangen und schlägt statt dessen Azarchel vor, wobei er einräumt, daß diese Annahme auch zu einem Widerspruch führt; seine Schlußfolgerung ist daher einfach: „Die Stelle ist korrupt." Bekanntlich ist alles, was nicht ins Schema der historischen Orthodoxie paßt, „verfälscht", „verunechtet" oder „korrupt"…

xliii

Spätestens hier wird man – wie Cusanus – zum Schluß kommen, daß die Unterschiede in den Meßresultaten von den unzulänglichen Meßmethoden herrühren. Man wird daraus schwerlich eine Systematik in den Bahnbewegungen über die Jahrhunderte ableiten können. Oder man könnte zum Schluß kommen, daß die Bahnbewegungen prinzipiell irregulär und chaotisch sind – ein naheliegender Gedanke angesichts der Erscheinungsformen der Natur.

xliv

Die „Inder" in diesem Abschnitt sind wohl identisch mit den „Juden" des vorhergehenden Abschnitts, was man auch an den identischen Textpassagen erkennt – aus „Iudaei" wurden „Indi" – oder umgekehrt…

xlv

Ein Fehler, der in 320 Jahren zu einem ganzen Tag wird, dürfte weniger als halb so groß sein (ca. 11''). Ein Fehler von 23'' 30''' läuft nämlich schon in 153 Jahren („353" könnte eine Verschreibung sein) auf einen ganzen Tag auf.

Hier passen einige Dinge nicht zusammen: Aus der Textüberlieferung geht hervor, daß die Textpassage „so wie die Inder… in 320 Jahren ein Tag mehr hervorgehe" eine Einrückung darstellt, mit der ein praktisch identischer Text von weiter oben an diese Stelle verpflanzt wurde. Der letzte Satz des Abschnitts („Dieses Jahr ist größer als unser Gemeinjahr…") bezieht sich demnach höchstwahrscheinlich auf das Jahr des Thebit („von einem Fixstern zu demselben Fixstern"). Dieses Jahr ist nichts anderes als das siderische Jahr, und der genannte Fehler von 23'' 30''' weicht nur wenig vom modernen Wert ab (22'' 54''').

xlvi

Für Stegemann ist es ein frappanter Anachronismus, wenn ein arabischer Gelehrter des Mittelalters auf astronomische Theorien zurückgreift, die angeblich schon im Altertum – spätestens seit Ptolemäus – als überwunden galten, daß nämlich die alten eudoxischen konzentrischen Sphären in Al-Bitrugis Werk eine „eigenartige Auferstehung" erlangten, „nachdem dies Weltbild längst schon im Altertum von dem des Hipparch-Ptolemäus verdrängt worden war".

xlvii

Hier wird Cäsars Reform als Rückgriff auf sehr alte Vorstellungen und damit quasi als Rückschritt dargestellt – zumindest wenn man sie an der damals aktuellen wissenschaftlichen Debatte mißt, die angeblich schon viel genauer argumentierte. Wahrhaft bedenklich ist jedoch die Formulierung „Inmitten all dieser Ansichten", womit die Ansichten Ptolemäus', Thebits etc. gemeint sind, die doch alle mehr oder weniger viele Jahrhunderte nach Julius Cäsar lebten. Zwischen Cäsar und Thebit müßten eigentlich 900 Jahre liegen – doch gemäß der gewählten Formulierung hätte Cäsar Thebits Ansichten kennen müssen! Bemerkenswert ist auch die Tatsache, daß Cusanus von „ganz alten Babyloniern" spricht, wo doch eigentlich von griechischen Gelehrten der klassischen Zeit die Rede ist, nämlich von Achamin (Euktemon) und Midan (Meton), beide 5. Jh. v.CHR, und Abrachis (Hipparch), 2. Jh. v.CHR. Als Epoche des Metonischen Zyklus gilt das Jahr 432 v.CHR. Es fällt schwer zu glauben, daß Cusanus die Griechen des klassischen Altertums für Babylonier hielt – und doch war es so! Das erinnert uns an die Tatsache, daß er an anderer Stelle dieselben Griechen mit den kaiserzeitlichen Byzantinern „verwechselte".

xlviii

Wiederum hat Cusanus keine Hemmungen, die Beobachtungen von Gelehrten aus ganz verschiedenen Epochen miteinander zu vergleichen. Und aktuelle Meßwerte aus der eigenen Epoche scheinen keiner speziellen Erwähnung wert zu sein, es sei denn als „Mittelwert", der übrigens mit seinen 150 Jahren vom heutigen Wert (128 Jahre) ziemlich stark abweicht.

xlix

Die 1. Luna bezeichnet den Tag bzw. den Abend, an dem erstmals wieder die Sichel des neuen Mondes sichtbar wird. Laut Stegemann betrug im 15. Jh. die Differenz zwischen den wirklichen und den zyklischen Neumonden erst 2-3 Tage. Cusanus' Angabe wurde angeblich aus dem komputistischen Werk des Johannes de Sacrobosco übernommen, wo der Abstand zwischen den zyklischen und den wahren Neumonden mit 3 Tagen und 14 Stunden angegeben wird - ein Ergebnis, das für Stegemann „unter nicht zutreffenden Voraussetzungen errechnet worden" ist. Nun sagt aber Cusanus ausdrücklich, der Fehler stehe „allen so deutlich vor den Augen, daß es einer Erläuterung nicht bedarf". Cusanus stützte sich hier also nicht auf „komputistisches" Buchwissen, sondern auf die allen zugängliche Naturbeobachtung.

1

Stegemann glaubt, „daß der hier von Cusanus nach Johannes de Sacrobosco angeführte Pauluslehrer Gamaliel verwechselt worden ist mit dem späteren jüdischen Chronologen Rabbi Simon ben Gamaliel II (90-110), den die Quellen als Kenner der Astronomie bezeichnen". Doch was spricht dagegen, daß auch schon der erste Gamaliel ein Kenner der Astronomie war bzw. daß die beiden Gamaliels überhaupt ein und derselbe waren (offiziell waren sie Vater und Sohn)? Die in diesem Zusammenhang auftretende Zeitverschiebung von etwa 50 Jahren dürfte auf den jüdischen Historiker Flavius Josephus zurückgehen, der in seinen „Jüdischen Altertümern" den Hohepriester „Jesus, genannt Christus", zu einem Zeitgenossen des Kaisers Nero machte (54-68 CHR), wobei er offensichtlich nicht zwischen den Kaisern Tiberius und Nero unterschied (er nennt Tiberius auch ausdrücklich „Tiberius Nero"). Dadurch wäre Jesus in die Zeit Gamaliels I gerückt und Paulus demzufolge in die Zeit Gamaliels II. Der ältere Gamaliel war angeblich ein Enkel des berühmten Hillel, des „ältesten Gelehrten", von dem aber keine Lebensdaten bekannt sind. Viel berühmter als jener Rabbi Hillel, der laut Calvisius anno 362 den jüdischen Kalender erfand, kann er aber nicht gewesen sein – und vielleicht sind die beiden Hillels ja identisch. Dann könnte nämlich jener Rabbi Gamaliel, der unter Kaiser Theodosius II (408-450 CHR) lebte, auch ein Enkel Hillels sein. Der Chronologe und Kalendermacher Hillel sah sich anno 462 CHR (ein spezielles Jahr, wie wir noch sehen werden…) im Jahr 290 der zweiten und im Jahr 670 der ersten Tempelzerstörung. Doch er irrte sich: für den zweiten Tempel beträgt die Abweichung vom konventionellen Datum (70 CHR) über 100 Jahre und für den ersten Tempel (586 v.CHR) sogar ganze 378 Jahre. Hinter dieser Differenz dürfte sich die Synoche 378 TYR = (100)1 NAB verbergen: Nabonassar alias Nebukadnezar, der den ersten Tempel zerstörte. Diese Konfusion ist uns schon weiter oben begegnet.

li

Cusanus scheint hier sagen zu wollen, daß die Abweichung von 3 Tagen zwischen der 1. Luna und der Position der Goldenen Zahl im Kalender seit Christi Zeit, wo die Goldene Zahl noch korrekt die 1. Luna anzeigte, aufgelaufen sei.

lii

Hier äußert sich Cusanus einigermaßen despektierlich über die Rechenkünste der Komputisten. Stegemanns Unterstellung, Cusanus habe quasi blind – d.h. ohne die beobachtbaren Tatsachen zu berücksichtigen – vom Komputisten Sacrobosco abgeschrieben, entbehrt jeder Grundlage. Sacroboscos Rechnung sieht wie folgt aus:

Entweder wußte er sich in einem Jahr 1235 CHR und stellte bezüglich des Neumondes eine Abweichung von 3.583 Tagen zum Kalendereintrag fest – dann konnte er auf einen Gangfehler von 1.32 Stunden je 19-Jahre-Zyklus schließen; oder er kannte die Abweichung aus zeitgenössischen Beobachtungen und schloß daraus, daß er offenbar in einem Jahr 1235 nach Christus lebte. Auf jeden Fall ergibt eine Abweichung von 3.583 Tagen in 1235 Jahren eine Abweichung von einem Tag in 344 Jahren, was eine bemerkenswerte Zahl ist: sie erinnert uns an das Julianische Interkalar, das laut Solinus 344 Tage betrug. Vielleicht verordnete der kluge Cäsar ja gar keine brutale Kalenderzäsur, sondern nur eine weitreichende Schaltregel: nicht ein Schaltjahr von 344 Tagen, sondern ein Schalttag in 344 Jahren…

liii

Es dürfte sich hier um einen Verschreiber handeln: Die Differenz zwischen Sacroboscos und Ptolemäus' Werten beträgt anstatt 7 Stunden wohl nur 1 Stunde. Weiter unten gibt Cusanus den von Ptolemäus überlieferten Wert mit 1/78 Tag (= 0.31 h) an, was eine Differenz von 1.01 h zu Sacroboscos Wert (= 1/18 Tag) ergibt.

liv

Wenn wir mit der genannten Kalenderabweichung von 4.625 Tagen eine analoge Rechnung machen wie vielleicht seinerzeit Sacrobosco, dann kommt man für Cusanus' „Heute" ins Jahr 1594. Da sich Cusanus offenbar dennoch in einem Jahr 1437 wähnte, sollten folgende Synochen beachtet werden: 1437 CHR = 185 ALF und 185 APR = 1592 OLY. Demnach hätte

Sacrobosco (s.o.) vielleicht in einem Jahr 1235 OLY = 460 CHR gewirkt.

lv

Eine Konjunktion von Sonne und Mond wird oft als „Neumond" bezeichnet, was aber nicht ganz richtig ist. In älteren Texten bezeichnet der Neumond bzw. das „Neulicht" die erste Sichtbarkeit des neuen Mondzyklus (= 1. Luna). Die eigentliche Konjunktion fällt in die 2-3 Tage dauernde Phase des unsichtbaren „Leermondes", so daß die wahre, astronomisch definierte Konjunktion nicht direkt beobachtet bzw. durch Beobachtung nicht exakt bestimmt werden kann.

lvi

Dies ist eine moderne Notation für die von Cusanus benutzten Zeiteinheiten der Minuten, Sekunden, Tertien, Quarten, Quinten und Sexten, die jeweils auf einen Tag bezogen sind. Eine solche „Tagesminute" hat eine Dauer von 1/60 eines Tages (= 24 normale Minuten), eine „Tagessekunde" dauert 1/3600 Tag usw. Die Länge eines Monats wird hier also mit geradezu grotesker Genauigkeit bis zu einer Quarte (d.h. in Hundertstelsekunden!) festgehalten.

lvii

Gemäß der „genaueren Forschung" betrug die Länge eines Monats 29.5306 Tage und daher die Länge eines Mondjahres 354.367 Tage. Zugleich wurde festgestellt, daß das Sonnenjahr 10 11/12 Tage länger dauerte, also

125

365 17/60 (= 365.283) Tage. Das ist beträchtlich mehr als der heute gemessene Wert von 365.242 Tagen, nämlich 0.041 Tage bzw. ziemlich genau 1 Stunde mehr; und es wären etwa 48 Minuten über dem Vierteltag, was eine grundsätzlich andere Schaltung bezüglich der Feinkorrektur des Julianischen Jahres erfordert hätte.

lviii

Die vorher festgestellten Werte für Monate (wie heute) und Jahre (1 Stunde mehr) würden demnach aus der Zeit des Bischofs Hippolyt stammen, von dem ein 16-jähriger Osterzyklus überliefert ist. Man geht davon aus, daß dieser Hippolyt zur Zeit des Kaisers Alexander Severus lebte (222-235), und es ist nicht auszuschließen, daß es sich dabei um Papst Hippolyt (+235) handelte, dem ersten Gegenpapst der Kirchengeschichte. Im Detail bekannt wurde der Osterkanon des Hippolyt aber erst anno 1551, als man auf einer Marmorstatue im Vatikan eine entsprechende Inschrift entdeckte, über die Scaliger eine Abhandlung schrieb.

lix

Stegemann kann einen 19-jährigen Zyklus aus der Feder des Eusebius nicht akzeptieren; für ihn geht das, was Cusanus darüber berichtet, auf Hieronymus zurück. „Aber Hieronymus hat sich geirrt", belehrt uns Stegemann, und somit gilt auch hier, daß nicht sein kann, was nicht sein darf! Das schriftstellerische Werk des Eusebius (+339) bildet das Fundament der Kirchengeschichte; es stammt aus einer Zeit, als das Christentum unter Konstantin zur Staatsreligion avancierte. Es war aber der Einsiedler Hieronymus (+419), der diese Kirchengeschichte übersetzt, ergänzt und der Nachwelt überliefert hat. Das griechische Original ist natürlich verloren und es ist nur die lateinische Übersetzung des Hieronymus überliefert. Zedler nennt folgende Ausgaben dieses Werkes: „1483 Venedig" und „1658 Amsterdam". Man kann davon ausgehen, daß Cusanus schon ein gedrucktes Exemplar benutzen konnte.

lx

Cusanus' Kritik erscheint berechtigt, sie verkennt jedoch den Zweck von langen Zyklusperioden. Tatsächlich wollte man ja durch die Wiederholung eines Zyklus den ihm innewohnenden Fehler nicht zum Verschwinden bringen, sondern überhaupt erst sichtbar machen, so daß man ihn durch eine Schaltung korrigieren konnte. Ein Fehler von 1/7 Tag in 19 Jahren läuft in 7 mal 19 Jahren auf einen ganzen Tag auf. Es dürfte allerdings auch klar sein, daß die meisten dieser Zyklusperioden für die Kalenderpraxis nie von Bedeutung waren. Sie waren meist nur ein theoretisches Werkzeug für Historiker und dienten der chronologischen Rückrechnung.

lxi

Hier argumentiert Cusanus hypergenau und daher völlig praxisfern: Tatsächlich machen die Tertien und Quarten nur einen winzigen Unterschied aus, nämlich nur wenige Sekunden im Monat und noch nicht einmal eine Minute im Jahr. Es müßten etwa 2000 Jahre vergehen, damit sich diese Abweichung auf einen ganzen Tag addierte. Angesichts der Tatsache, daß die von Cusanus bemühten Autoritäten untereinander noch größere Abweichungen in den Messungen aufweisen, kann daher sein Einwand nicht überzeugen. Auch hier handelt es sich offensichtlich um theoretische Berechnungen, die nie eine praktische Anwendung fanden.

Wenn sich also die Abweichungen (22/60 Tage pro Jahr) auf mindestens 31/60 Tage addierten, was alle 2 bis 3 Jahre der Fall war, wurde ein „Bisextil" geschaltet. Meist hört man den Begriff Bi(s)sextil nur im Zusammenhang mit der Julianischen Kalenderreform, indem dort der eine Schalttag in 4 Jahren so genannt wurde, angeblich weil man den 6. Tag vor den Kalenden des März doppelt zählte (2 mal den 6. Tag = „bis sextum"). Diese Erklärung wirkt jedoch etwas konstruiert! Cusanus erwähnt das Bisextil an dieser Stelle im Zusammenhang mit dem arabischen Mondkalender, und man könnte auf die Idee kommen, den Begriff mit den 22/60 (das sind ca. 2/6 = bis sextiles) in Verbindung zu bringen. Jedoch bezeichnete der *Sextilis* im alten römischen Kalender den Monat August (6. Monat ab März), und was würde näher liegen, als den Schalttag ans Ende dieses Monats zu legen, wenn man das neue Jahr am 1. September beginnen würde? Genau dieser Jahresbeginn war aber im arabischen Raum vor dem Aufkommen des Islam gebräuchlich (syrische Ära etc.). Der römisch-arabische Bisextil könnte also auch der zweimal („Bi") gezählte letzte Tag im 6. römischen Monat („Sextilis") vor dem Beginn des neuen Jahres, das für die Syrer mit dem 7. römischen Monat begann, gewesen sein.

Diese und folgende Erörterungen finden sich laut Stegemann schon bei Roger Bacon, womit er Cusanus unterstellt, bei Bacon abgeschrieben zu haben, ohne die Quelle zu nennen. Aber vielleicht trifft auch das Gegenteil zu…

lxiv

Cusanus will uns wohl einfach sagen, daß selbst kleine Fehler, die in kurzen Perioden kaum auffallen mögen, dennoch große Auswirkungen haben, wenn man lange Zeiträume betrachtet. Inwiefern dies aber für die „mittelalterliche" - d.h. nach unserer modernen Einschätzung „ungenaue" - Zeitrechnung des 15. Jhs. von Bedeutung hätte sein können, muß offen bleiben. Wir fragen uns etwa, warum Cusanus sich Sorgen machte, was „nach 4256 Jahren" sein würde: Wen hätte Cusanus damals mit einer solchen Argumentation beeindrucken können, zumal nach damaligem Verständnis die Welt noch gar nicht viel länger existierte und gewiß nicht mehr so lange existieren würde?

lxv

Cusanus argumentiert hier geradezu modern, nämlich auf eine rührende Art rational und optimistisch (d.h. positivistisch), aber er unterliegt natürlich einem grandiosen Trugschluß! Er scheint auch keine Vorstellung von Zahlen und ihren Größenordnungen zu haben, sonst würde er nicht mit solchen Meßgenauigkeiten im Zusammenhang mit Finsternissen argumentieren, die auch im 17. Jh. noch kaum auf eine Stunde genau vorhergesagt werden konnten. Aber es war dieser überschwängliche neuzeitliche Optimismus, der zu einer Vergewaltigung bzw. Vereinnahmung der antiken Überlieferung führte, indem man etwa aus aktuellen Finsternisdaten, deren

Messung man in typischer Selbstüberschätzung für beispiellos genau hielt, die „antiken Meßwerte" zurückrechnete und nötigenfalls „verbesserte".

Wir wissen nicht wirklich, wie der alte römische Kalender aussah, den Julius Cäsar reformierte. War es noch ein Mondkalender oder schon ein Sonnenkalender, und worin bestand sein Defekt, den es zu beheben galt? Der merkwürdig anmutende römische Kalender mit seiner seltsamen Einteilung des Monats und seiner kuriosen Eigenart, ab bestimmten Tagen (Kalenden, Nonen und Iden) die Tage rückwärts zu zählen und sie ab der Monatsmitte gar nach dem Folgemonat zu benennen, kann nur als reiner Mondkalender verstanden werden. Der römische Kalender ist ein Relikt aus einer Zeit, als jeder Monat von neuem bestimmt werden mußte, d.h. während der etwa drei Tage dauernden Zeit des Dunkelmondes jemand den Himmel beobachten mußte, um das Erscheinen der neuen Mondsichel zu registrieren und öffentlich auszurufen. Von diesem Ausrufen (*calare*) hat der erste Tag des Monats seinen Namen: *Calendae*; und daraus wiederum ist natürlich der „Kalender" abgeleitet, der durch die ihm innewohnende „Vorherbestimmung" der Monatstage das Ausrufen überflüssig macht. Nur gerade die Erscheinung des neuen Mondes auszurufen wäre allerdings ohnehin nicht nötig gewesen (da dies jeder selbst sehen konnte) - die Kunst des Ausrufers bestand vielmehr darin, die variierende Anzahl Tage bis zum Halbmond (= *Nonis*) zu verkünden; der Zeitabschnitt von den Nonen zu den Iden (Vollmond) war auf 8 Tage fixiert; in dieser Zeit wurden normalerweise die Fest-, Gerichts-

oder Markttage abgehalten. Die uns heute ganz und gar unpraktisch erscheinende Form des römischen Kalenders ergab sich wohl erst, als man die Monate am „langen Ende" künstlich verlängerte, so daß sie als Monate eines Sonnenjahres fungieren konnten. Seitdem zeigten die Kalenden nicht mehr den Neumond und die Iden nicht mehr den Vollmond als die Mitte eines synodischen Monats an, sondern sie hingen gleichsam in der Luft, waren ihrer Funktion beraubt. Ein solch nutzloser Kalender konnte nicht lange überdauern! Cäsars Erfindung bestand offenbar darin, den Gang des Mondes im Sonnenkalender einzubauen.

lxvii

Als „Mondsprung" (*saltus lunae*) gilt normalerweise die Auslassung des einen Tages, um den 19 Lunisolarjahre (6941 Tage) gegenüber 19 Julianischen Jahren (6940 Tage) zu lang sind. Für Augustus handelte es sich hingegen um die Unterdrückung von 3 vorher zu viel geschalteten Tagen. Daß diese Schaltung ebenfalls als „Mondsprung" bezeichnet wurde, ist ein weiterer Hinweis darauf, daß die klassischen Römer immer noch hauptsächlich nach einem Mondkalender rechneten.

lxviii

Einerseits ist der Fehler aufgrund der Verschiebung der Äquinoktialpunkte kaum bzw. erst nach langer Zeit feststellbar (weshalb seit Cäsar ca. 1500 Jahre vergehen mußten, damit der Fehler auf 3-4 Tage anwachsen konnte, womit er für alle offensichtlich und nicht mehr zu bestreiten war), andererseits ist der Fehler so markant, daß er von Augustus schon nach wenigen Jahrzehnten allein aufgrund der Verschiebung der Mondphasen erkannt werden konnte. Natürlich ist leicht und für jeden erkennbar, wenn die im Kalender vermerkte Mondphase mit der tatsächlich beobachteten nicht übereinstimmt. Hierzu braucht es keine subtilen astronomischen Kenntnisse und auch keine „großen Instrumente". Doch was haben die Äquinoktien und Solstitien, die allein durch den Lauf der Erde um die Sonne determiniert sind, mit dem Mondzyklus zu tun? Weshalb sollte jemand auf die abwegige Idee kommen, einen Fehler im Mondkalender mit den Schwankungen der Äquinoktien nachweisen zu wollen? Wir werden es gleich erfahren…

lxix

Diese Annahme widerspricht der Überlieferung, daß der Zyklus von 532 Jahren („große Indiktion") von Dionysius Exiguus genau so angelegt wurde, daß dessen Beginn auf die Geburt Christi fiel und damit überhaupt erst die christliche Zeitrechnung begründet wurde. Wir sehen nun aber den eigentlich Grund für Cusanus' seltsame Argumentation, den Fehler im Mondzyklus mit dem Sonnenzyklus zu verbinden: es geht um die große Indiktion, also den Zyklus von 532 Jahren, der den Kalender des Sonnenjahres („Julianischer Kalender") mit dem Mondzyklus synchronisiert. Die entscheidende Aussage lautet hier, daß der wahre Mondzyklus den durch das Sonnenjahr bestimmten „Umläufen" bzw. Perioden „vorausläuft", d.h. kürzer ist, was bedeutet, daß der 19-jährige Mondzyklus eben keine ganzen 19 Sonnenjahre dauert, sondern etwas kürzer ist, was Cusanus in diesem Kapitel etwas umständlich zu zeigen versucht. Die große Indiktion - auch Osterzyklus genannt - spielte in der

132

älteren Chronologie eine zentrale Rolle; sie ist quasi das große Zahnrad jeder Rückrechnung. Die älteste Fassung dürfte von Victorius von Aquitanien stammen (457 CHR), der diese Periode mit dem Jahr 28 CHR beginnen ließ. Es ist aber nicht klar, wie man in diesem Zusammenhang die Behauptung von Sacrobosco einordnen soll, selbst wenn man annimmt, daß er aufgrund der Synoche 1235 OLY = 460 CHR (s.o.) ein Zeitgenosse von Victorius war. Denn man kann schwerlich begründen, weshalb der 532-jährige Zyklus schon 20 Jahre vor dem Zeitpunkt einsetzte, an dem er eigentlich hätte beginnen sollen. Wie läßt sich etwa diese Differenz aus den unterschiedlichen chronologischen Referenzsystemen erklären? Vielversprechend ist der Ansatz, daß Christus 20 Jahre nach dem Beginn des Victorianischen Zyklus geboren wurde (bzw. der genannte Zyklus 20 Jahre vor Christus einsetzte), d.h. im Jahr 48 n.CHR nach traditionellem Schema. Somit betrüge die Differenz dieser Victorianischen zur gängigen Christus-Epoche wie auch zwischen dieser und der Julianischen Epoche der Machtergreifung je 48 Jahre (charakteristisch für die „antiochenische Ära", siehe Nachwort). Auch Stegemann kann sich keinen Reim auf diese mysteriöse Stelle machen und fragt verzweifelt: „Aber welcher Zyklus begann 20 v.Chr.?"

lxx

Stegemann deutet dieses Datum als 25. März, indem er Cusanus' Datum „VI Aprilis" zu „VI(II kal.) Aprilis" „verbesserte". Es handelt sich angeblich um „das Datum der alten in Gallien üblichen Osterfeier" und fällt „auf den 25. März, das Äquinoktialdatum nach Cäsars Ansatz. In den Cusanushandschriften ist irrtümlicherweise (einheitlich) der 27. März genannt. Es scheint sich dabei erneut um eine der nun schon wiederholt bei Cusanus in der Kalenderverbesserung beobachteten Flüchtigkeiten zu handeln." Cusanus scheint also geradezu notorisch und ohne dies zu merken das „falsche" Datum 27. März verwendet zu haben – aber vielleicht werden ihm grundlos „Flüchtigkeiten" unterstellt, wo man doch von Absichten ausgehen sollte! Cusanus wäre hier ein doppelter Fehler unterlaufen, indem er nicht nur „VI" anstatt „VIII" geschrieben, sondern auch noch das „kalendis" unterschlagen hätte. Das wäre zwar möglich, jedoch ist bei solchen „kombinierten Fehlern" immer höchste Vorsicht angebracht!

lxxi

Der 25. März ist auch der Tag der Verkündigung und der Fleischwerdung Christi (mit der Epoche *ab incarnatione*) und bezeichnet eigentlich den Tag der Empfängnis (9 Monate vor der Geburt). Die „Auferstehung (vom Fleisch)" hatte also ursprünglich nichts mit einer „Auferstehung von den Toten" bzw. mit einer Flucht aus dem Grab zu tun, sondern bezeichnete den Beginn des Lebens mit der Empfängnis. Die Verkündigung einer Schwangerschaft könnte durchaus ab dem Tag der Empfängnis möglich sein, da sich der Körper der Frau sehr schnell auf die beginnende Schwangerschaft einstellt. Aus der wahrgenommenen Veränderung kann oft mit großer Sicherheit auf eine Schwangerschaft geschlossen werden - sei es durch die Schwangere selbst, sei es durch ihre Nächsten. Der Engel („Bote") Gabriel („Kraft Gottes"), der die heilige Empfängnis verkündet, berichtet eigentlich nur über die Zeugungskraft seines Herrn, also wohl über die allzu menschliche Tatsache, daß es sein Herr war, der die Jungfrau Maria schwängerte. Die Verkündigung des Engels an Maria ist also nichts anderes als die „frohe Botschaft" einer folgenreichen Liebesnacht – und man kann wohl annehmen, daß nicht Marias Verlobter Josef, der arme und betrogene Zimmermann, sondern eine hochgestellte, „vergötterte" Persönlichkeit den kleinen Jesus zeugte. Damals gebührte vielleicht noch dem Herrscher das Recht auf die „erste Nacht"… Der von Cusanus erwähnte „VI Aprilis" als der Tag der Empfängnis würde dann, wenn wir ihn tatsächlich auf den 6. April legen, nach 9 Monaten Schwangerschaft auf den 6. Januar zeigen, also auf den Tag der „Erscheinung des Herrn" (Epiphania) – mit anderen Worten: auf die Geburt Christi nach dem orthodoxen Kalender der Griechen. Und wenn wir mit 270 Tagen Schwangerschaft rechnen (nämlich 9 Monate à 30 Tage nach traditioneller Auffassung), dann landen wir gar auf dem 1. Januar, so daß es nicht erstaunt, daß dieser Tag, der mit der Geburt des „Herrn" den Beginn einer neuen Herrschaft markierte, auch zum ersten Tag des Jahres erkoren wurde.

lxxii

Die Osterfeier an der 14. Luna im ersten Frühlingsmonat fiel unweigerlich auf das jüdische Passah bzw. war wohl mir der Passahfeier identisch, d.h. die besagten „Asianer und Griechen" müßten nach heutigem Verständnis als Juden gelten.

Nach heutiger Zählung ist Pius der 9. und Victor der 13. Papst nach Petrus.

Die Osterfeier (der Christen) auf einen bestimmten (Wochen)tag nach der 14. Luna zu legen, kann auch als einfache verwaltungstechnische Maßnahme des *Pontifex maximus* verstanden werden, um nämlich die immer wieder auftretenden Konflikte bei der Benutzung der heiligen Tempel zwischen verschiedenen Religionsgemeinschaften (z.B. Juden und Christen) zu entschärfen. Der das Dekret erlassende Pontifex war vermutlich weder Jude noch Christ, sondern lediglich der oberste Wächter über die Heiligtümer, die von allen Religionsgemeinschaften angebetet wurden bzw. angebetet werden mußten.

Die „allgemeine Kirche" kann als die „Gemeinschaft der Gläubigen" aufgefaßt werden, die nach damaligem Verständnis viele Konfessionen umfassen konnte, sofern diese nur einige elementare religiöse Rituale (etwa das Osterfest) beachteten. Nur unter diesem Aspekt ist es erklärbar, daß das neue christliche Bekenntnis sich mit altrömischen Riten ausdrückte.

Darüber berichten auch die angeblich „gefälschten Akten des Konzils von Cäsarea", denen – laut Stegemann – „Cusanus alles auf die Osterverhandlungen dieses Theophiloskonzils Bezügliche in der

136

Kalenderverbesserung entnommen hat." Cusanus hatte wirklich Pech: Nicht genug der eigenen Irrtümer verließ er sich auch noch auf gefälschte Konzilsakten! Diese Akten wurden angeblich im 6./7. Jh. in Irland auf der Grundlage der Kirchengeschichte des Eusebius gefälscht. Cusanus baut seine Argumentation sehr stark auf diesen „falschen" Konzilsakten auf, die vermutlich ja auch nicht gefälscht, sondern echt waren (zumindest für Cusanus und seine Zeitgenossen waren sie es). Es sind zumeist chronologische Unverträglichkeiten, daß solche unpassende Akten als „gefälscht" deklariert werden.

lxxvii

In der Geschichte der Chronologie scheint das Konzil von Nicäa (325 CHR) ein Wendepunkt zu sein. Es finden sich hierzu in der spätantiken und frühmittelalterlichen Literatur zahlreiche Belege. Doch für die Historiker ist diese üppige Quellenlage keineswegs nur erfreulich, denn laut Stegemann handelt es sich dabei um „die weitgehend auf antike Namen gefälschte komputistische Kleinliteratur des frühen Mittelalters, die Cusanus als echt ansah, und die bei ihm eine recht bedeutende Stelle einnimmt." Und um Fälschungen muß es sich allein schon deswegen handeln, weil sie mit der offiziellen Version der Geschichte nicht übereinstimmen…

lxxviii

„Entgegen der Meinung etlicher antiker Autoren", denen Cusanus offenbar blindlings und unwissend abgeschrieben hat, weiß es Stegemann besser: „Verordnungen gegen die Quartodezimaner finden sich erst in den Canones von Laodicäa, Konstantinopel und Chalcedon."

lxxix

Die Datierung „nach dem Leiden unseres Herrn" ist bemerkenswert, da selten anzutreffen; sie zeigt in diesem Fall in die Zeit des Kaisers Probus (276-282). Wenn wir von der Mitte dieser Amtszeit ausgehen (279) und davon die genannten 249 Jahre abziehen, dann hätte das „Leiden unseres Herrn" im Jahr 30 CHR stattgefunden, was bis heute der Konvention entspricht, jedoch nicht immer so gerechnet wurde: Calvisius nennt das Jahr 33 und erwähnenswert ist natürlich auch die sogenannte „Ära der Himmelfahrt", die ins Jahr 38 CHR zeigt. Zu beachten sind hier die Synochen 1 CHR = 30 ACT und 1 CHR = 39 SPA, in der die Konfusion der „richtigen christlichen Erinnerung" enthalten sein dürften; d.h. soll man nach der Erscheinung des Herrn oder nach dem Leiden des Herrn bzw. nach der Auferstehung rechnen? Die Datierung „nach Christus" konnte wohl lange noch beides bedeuten, bevor sich der natale Aspekt durchsetzte.

lxxx

Das *Quadrivium* („vier Wege") bezeichnet die vier „höheren" der klassischen „sieben freien Künste": Arithmetik, Geometrie, Astronomie und Musik.

lxxxi

Das jüdische Osterfest (Pascha, Passah) orientiert sich an der Mondphase, welche einst den Auszug aus Ägypten begleitete, d.h. man mußte unbedingt den Beginn dieser Phase abwarten, bevor man Pascha feiern konnte. Die

Begriffe *Pascha/Passah/Passa* leiten sich natürlich von der (Mond)*Phase* ab. Die Dauer dieser Flucht bestimmte dann wohl auch die Dauer des Festes, mit dem man dieses epochale Ereignis feierlich erinnerte: die Woche.

lxxxii

Aus der Formulierung könnte man schließen, daß das die Osterfrage „endgültig" regelnde Konzil von Nicäa erst nach der von Beda (8. Jh.) geäußerten „Verschiedenheit" stattgefunden habe. Dies wäre dann der Fall, wenn dieses „Osterkalender-Konzil" von Nicäa nicht dasjenige von 325, sondern jenes von 787 gewesen wäre. Man darf annehmen, daß diese beiden Konzilien, die beide den Status von Generalkonzilien haben, wenn nicht identisch, so doch wenigstens zeitlich näher zueinander waren als die 462 Jahre, die sie offiziell voneinander trennen.

lxxxiii

Wir erkennen in dieser Aussage des Anatolius das zentrale, theologisch begründete Argument für eine den Ostertermin anpeilende Kalenderreform. Das Osterfest, das weit in vorchristliche Zeiten zurückreicht, ist ein Fest des Lichts, das nicht von der Finsternis der Nacht überschattet werden darf, da dies Gott, dem Spender dieses Lichts, mißfallen würde.

lxxxiv

Mit Pascha ist grundsätzlich immer die ganze Osterwoche gemeint, d.h. die „7 Tage der ungesäuerten Brote". Pascha (= Phase) bezeichnet ganz einfach diejenigen Mondphasen (vom Vollmond bis zum abnehmenden Viertel), in denen die Flucht aus Ägypten gelang.

lxxxv

Für Cusanus ist eine Reformation der Kirche ohne eine Kalenderreform (d.h. eine Reform des Festkalenders und damit auch der Liturgie) undenkbar. Genauso präsentierte sich die Situation 150 Jahre später, als in der Phase der stärksten Kirchenreform (bzw. „Gegenreformation") der liturgische Kalender reformiert wurde (Gregorianische Kalenderreform, neues Martyrologium).

lxxxvi

Hier besteht eine Abweichung zwischen den Lunen (20-16=4) und den Kalenden (8-3=5), was vermutlich auf einen Schreib- oder Rechenfehler zurückzuführen ist, wie auch die folgenden Ausführungen zeigen.

lxxxvii

Die Rechnungen 20+3 und 17+6 führen zum identischen Ergebnis 23. Wenn nun gemäß römischem Kalender der 3. Kalend April der 2. Tag vor dem 1. April ist (d.h. der zweitletzte Tag im März), dann hätte dieser Monat März als synodischer Mondmonat scheinbar nur 21 Tage:

6. Kal. April	= 17. Luna
5. Kal. April	= 18. Luna
4. Kal. April	= 19. Luna
3. Kal. April	= 20. Luna
2. Kal. April	= 21. Luna
1. April	= 22. Luna März = 1. Luna April

Es könnte sich also um den berühmten altrömischen Schaltmonat *Mercedonius* handeln, dessen Länge mit 22

140

Tagen überliefert ist. Aus diesem Monat Mercedonius wurde im verkürzenden Volksmund der „Merce" und damit unser „März" („merze" im Mittelalter).

lxxxviii

In der ganzen (bis ins 18. Jh. dauernden) Debatte um den richtigen Ostertermin stößt man immer wieder auf das Argument, ob man „mit den Juden zusammentreffen" dürfe oder nicht. Wo war das Problem? Da die Juden in die Synagoge gingen und die Christen in die Kirche, gab es eigentlich keinen Grund, warum man hätte „zusammentreffen" sollen, selbst wenn man am gleichen Tag feierte. Die Antwort ist naheliegend: Man benutzte wohl noch bis ins 18. Jh. dieselben Gotteshäuser bzw. Tempel, d.h. man hätte sich gegenseitig beim Gottesdienst gestört. Dies war der eigentliche Grund, warum man Ostern nicht „mit den Juden" feiern wollte und daher krampfhaft und mit fadenscheiniger theologischer Begründung nach einem Ausweichtermin suchte. Daß die päpstlichen Dekrete zur Festsetzung des Ostertermins auch unter diesem Gesichtspunkt beurteilt werden müssen, wurde schon weiter oben erläutert.

lxxxix

Wir sehen hier eine erstaunlich moderne und nüchterne Auslegung der Bibel, indem die mystische Scheidung von Licht und Finsternis, von Tag und Nacht einfach als Frühlingsäquinoktium gedeutet wird. Das Aufkeimen der Vegetation wird nicht als Schöpfungsakt (erstmaliges Grünen, erste Pflanzen überhaupt), sondern als Wiedererwachen (wie nach einem Winter) verstanden. Das würde natürlich bedeuten, daß die „Erschaffung der

Erde" (Schöpfungsakt) nur das „Frühlingserwachen" einer erneuerten Erde war, da die erwähnten Naturereignisse (Äquinoktium, Frühling) nur auf einer schon bestehenden Erde feststellbar sind. Auch der Mond scheint bei der Weltschöpfung schon vorhanden gewesen zu sein, was den gängigen Bibelübersetzungen klar widersprechen würde. Überhaupt scheint Cusanus eine völlig andere Version der Schöpfungsgeschichte gelesen zu haben, als wir sie seit Luther kennen. Im übrigen spielt in diesem Ereignis- und Argumentationskontext die Passah-Geschichte der Juden („7 Tage der ungesäuerten Brote") offenbar keine Rolle mehr.

xc

Cusanus scheint wieder einmal vorauszusetzen, der geneigte Leser wisse wohl, von welchen Personen und Veranstaltungen hier die Rede ist. Die Kirchengeschichte kennt jedoch verschiedene Heilige namens Cyrillus bzw. Kyrillos, auch verschiedene Bischöfe namens Valerius (falls hier ein Bischof gemeint war) und natürlich Kirchenversammlungen zu Karthago sonder Zahl. Einen ersten Schub von Konzilien gab es dort zwischen 252 und 256, es folgten vereinzelte in der ersten Hälfte des 4. Jhs., dann gab es wieder eine sehr aktive Phase zwischen 390 und 417 und zum Schluß fanden noch zwei im 6. Jh. statt. Die beiden Häufungen (Mitte des 3. Jhs. und Ende des 4. Jhs.) könnten mit geeigneten Synochen (z.B. CHR/HAS) zu einer einzigen Ereignisepoche verbunden werden.

xci

Für Stegemann ist die Ansicht, daß die Welt im Frühling entstanden sei, „offenbar beeinflußt von dem Wunsch, die astrologische Lehre von der Gründung der Welt im Tierkreisbild des Widders biblisch bestätigt zu finden". Es stellt sich dann aber die Frage, weshalb das alte astrologische Weltbild so stark in den (vorchristlichen?) biblischen Kontext einwirken konnte. Aber vielleicht ist diese Frage falsch gestellt: Denn möglicherweise erzählte die ursprüngliche Bibel in erster Linie eine astrologische Geschichte, die erst im Zusammenhang mit der reformatorischen Aufklärung vom astrologischen Aberglauben „geluthert" (sprich: geläutert) wurde.

xcii

Adams Sünde und damit die Vertreibung des Menschen aus dem Paradies (der alten Welt?) könnte man somit in eine ursächliche Beziehung zur Erschaffung der (neuen?) Welt setzen. Adams Welt ging unter, wobei Christus durch seine Transfiguration die armen Seelen in die neue Welt retten konnte – aus Sicht der alten Kirchenväter durch eine „Wiedergeburt". Christus würde damit zum Angelpunkt zwischen der alten, vernichteten Welt und der neuen, die an „Ostern" auferstand und neu erblühte. Unter diesem Aspekt könnte man die ursprüngliche „post-Christum"-Datierung auch als „anno-mundi"-Datierung verstehen.

xciii

Die vorzeitliche Aura des Osterfestes scheint sogar die Erscheinung von Christus zu überstrahlen… Für die Alten muß der Ostertermin absolut heilig gewesen sein! Daß dies für die Juden so war (wenn man Ostern/Passah v.a. als jüdisches Fest auffaßt), erstaunt uns nicht; merkwürdig ist hingegen einmal mehr die Vermischung der jüdischen und christlichen Sichtweisen. Die Christen waren ja nur deswegen Christen (und nicht mehr Juden), weil für sie Christus über alles triumphierte. Diese Christologie scheint Cusanus aber noch fremd gewesen zu sein, da ihm die Bedenken der Alten bezüglich des Ostertermins nachvollziehbar schienen. Deshalb bereitet es ihm auch keine Probleme, vorchristliche jüdische Gelehrte zu zitieren, obwohl deren Argumente für einen mittelalterlichen Kleriker wie Cusanus eigentlich keine Rolle mehr hätten spielen dürfen. Hier zeigt ein christlicher Gelehrter des 15. Jhs. eine geradezu frühchristliche Nähe zu jüdischen Lehrauffassungen.

xciv

Das Tierkreisbild Waage steht heute nur für das Herbstäquinoktium, doch Cusanus scheint es allgemein mit dem Äquinoktium zu verbinden. Unter diesem Aspekt wäre es nachvollziehbar, weshalb das „Zeichen des Äquinoktiums" als Waage begriffen und demzufolge auch so bezeichnet wurde: Tag und Nacht halten sich die Waage, sie sind im Gleichgewicht.

xcv

Es fällt bei dieser Argumentation immer wieder auf, wie die finstere Nacht als etwas abgrundtief Böses, der sonnenhelle Tag jedoch als der Inbegriff des Guten dargestellt wird! Wie konnte jemand auf solche Ideen kommen, da doch der Wechsel von Tag und Nacht etwas selbstverständliches ist, weil ja auf jede noch so dunkle Nacht wieder ein heller Tag kommt, zumal in Ländern, wo die Kühle der Nacht auch schon mal als Erlösung von der Hitze des Tages empfunden wird?! Es schimmert in dieser

Ideologie vielleicht die Erinnerung an eine katastrophale „ewige Nacht" durch, von der die verzweifelten Menschen erst nach langer Zeit wieder durch einen neuen Morgen erlöst wurden. Eine solche Vergötterung und Herbeisehnung der Sonne würde man sonst nur von Völkern erwarten, die hoch im Norden wohnen.

xcvi

Das ist eine klare Aussage, die den gängigen und auch bisher von Cusanus genannten Überlieferungen über den Konzilsbeschluß von Nicäa hinsichtlich des Ostertermins ebenso klar widerspricht! Denn bei dieser Regel (Ostern = 1. Tag nach dem Äquinoktium) spielt die Mondphase offensichtlich keine Rolle mehr. Somit sind vom Konzil in Nicäa mindestens vier Osterregeln überliefert: erstens die soeben genannte, die sich nur an den Sonnenkalender hält („Tag nach dem Äquinoktium"), zweitens und drittens die vom Mondkalender abhängigen („Tag nach Vollmond" und „Sonntag nach Vollmond") und viertens die Kombination von allen, die heute meist als die in Nicäa beschlossene Regel dargestellt wird („Sonntag nach dem Vollmond nach dem Äquinoktium"), obwohl sie es gewiß nicht war, da sie infolge der schwierigen Synchronisation von Sonnen- und Mondkalender ein kompliziertes Regelwerk nach sich zieht, was kaum im Interesse der Konzilsväter von Nicäa gelegen haben dürfte.

xcvii

Das ist nun die gängige Kompromißformel, die zur „Osterregel von Nicäa" wurde und seither angeblich nicht mehr angetastet wurde. Daß es sich dabei um einen nachträglich erdachten Kompromiß bzw. um eine historisch-theoretische Konstruktion gehandelt haben könnte, offenbart der Umstand, daß angeblich so viele verschiedene Konzilien zu dieser Regel „beigetragen" haben.

xcviii

Das (4. allgemeine) Konzil von Chalcedon (451) stand im Schatten des sogenannten „Räuberkonzils" von Ephesus (449) bzw. war eine Antwort darauf. Das Räuberkonzil wiederum ist wohl lediglich ein häretischer Schatten des 3. allgemeinen Konzils in Ephesus anno 431; die Synoche 431 AUG = 449 JUL läßt dies zumindest vermuten.

xcix

Der Abschnitt enthält einen offensichtlichen Anachronismus, denn aufgrund der Formulierung kann nicht bestritten werden, daß Cusanus das Konsulat von Sigilbertus und Aetius (437) vor demjenigen von Syagrius und Antonius (382) annahm. Auch Stegemann wundert sich: „Das Konsulat des Antonius und Syagrius fiel in das Jahr 382, doch bezieht sich der beschriebene Vorgang offenbar auf das Jahr 444. Der Fehler findet sich schon in der Pascasinus-Epistel". Falls aber die Pascasinus-Epistel echt ist, dann wird sie kaum einen solchen Fehler enthalten, denn Pascasinus war ja angeblich ein Zeitgenosse dieser Ereignisse. Die Textstelle scheint zu sagen, daß in einem Jahr 382 ein 8-jähriger Zyklus endete, der in einem Jahr 437 begann. Man könnte sich folgende Synochen als Lösung vorstellen:

343 ANT = 437 HAS	Zyklusbeginn
(Sigilbertus/Aetius)	
382 ANT = 476 HAS	Zyklusende
(Syagrius/Antonius)	

c

Die Römer des frühen 5. Jhs. pflegten also das jüdische Schaltjahr (384 Tage) und waren damit meilenweit entfernt vom Sonnenjahr ihres Übervaters Julius Cäsar! Aber vielleicht war Julius auch nur der noch lange nicht geborene Enkel dieser jüdischen Römer?! Cusanus gab ja auch schon in einem anderen Zusammenhang Hinweise auf einen „späten" Julius Cäsar.

ci

Ein ähnliches Quellenwunder wurde von Gregor v. Tours in seiner „Fränkischen Geschichte" überliefert, wobei sich dort die Ereignisse in Südspanien bei Sevilla abspielten. Hier hingegen scheint es sich um die französische Stadt Meaux zu handeln, für die auch der mittelalterliche Name *Meletium* überliefert ist. Man kann natürlich diese Geschichte, bei der es sich um eine frühmittelalterliche Wandersage zu handeln scheint, als Märchen abtun - interessant ist sie dennoch, denn sie diente damals gewiß als Rechtfertigung der alten und bewährten jüdischen Oster- bzw. Schaltregel gegenüber der neuen, noch unsicheren christlichen Kalenderpraxis. Vielleicht versuchten diese späten Römer den Ostertermin am 22. April nur deshalb zu vermeiden, weil sie als „Neuchristen" nicht mehr mit den Juden (d.h. mit den „Altgläubigen") zusammen feiern wollten. Cusanus hat weiter oben erwähnt, daß einst (d.h. vor „Nicäa") das Äquinoktium auf

147

den 8. Kalend April = 25. März und Ostern einen Tag danach auf den 26. März festgelegt war. Das Überfließen der meletinensischen Quelle signalisierte den Christen den Ostertermin, und man durfte dieses Ereignis immer etwa am 25. März erwarten. Wir sind hier also mit einer vornicäischen Osterregel konfrontiert, die auf einem reinen Sonnenkalender beruhte. Die Verspätung des Quellflusses konnte von den jüdischen Gegnern der Christen als Bestätigung ihrer Osterregel aufgefaßt werden, die auch den Mondstand beachtete. Vielleicht war es tatsächlich dieses wundersame Ereignis, welches die Christen dazu bekehrte, bei der Berechnung des Ostertermins künftig auch die Mondphase zu berücksichtigen, aber man darf hier doch auch einen Schuß höhnischer Propaganda vermuten, mit dem das damals noch hilflose christliche Kalenderwesen eingedeckt wurde. Der 25. März war der Tag der Verkündigung und auch der Fleischwerdung Christi und galt somit bei den Christen als besonders heiliger Tag. Bis in die frühe Neuzeit hinein wurde der 25. März vielerorts als erster Tag des Jahres betrachtet („Florentinische Zeitrechnung"), so etwa auch in den Bullen der Päpste, die zwischen 1621 und 1691 regierten, ja sogar wieder bei Klemens XIII (1758-1769) findet sich diese Praxis.

cii

Es scheint hier wieder von den 384-tägigen jüdischen Schaltjahren die Rede zu sein. Es wurde aber schon darauf hingewiesen, daß es sich bei diesem Schaltjahr möglicherweise um ein Mißverständnis handelt, indem nämlich die Juden mit den 7 Schaltungen in 19 Jahren nicht einen komplizierten lunisolaren Kalender praktizierten, sondern ursprünglich - wie die Araber - einen reinen Mondkalender pflegten. Seltsam ist auch, daß die „Griechen und Hebräer" denselben Schaltzyklus anwenden sollen; falls mit den „Hebräern" die Juden gemeint sind und diese, wie wir annehmen dürfen, einen reinen Mondkalender benutzten, dann würden die „Griechen" wohl für die mohammedanischen Türken stehen, die natürlich ebenfalls den Mondkalender kannten. Es ist durchaus nicht klar, ob Cusanus immer von denselben Leuten spricht, wenn von den „Griechen" die Rede ist…

ciii

Es sind Zyklen von jeweils 8, 11 und 19 Jahren gemeint.

civ

Cusanus äußert hier erhebliche Zweifel an den astronomischen Fähigkeiten der alten Lateiner! Die anschließende „Erklärung" des zunächst unerklärlichen Sachverhalts ist offensichtlich nachgereicht worden…

cv Die Historiker sehen hier einen „Pseudo-Anatolius" am Werk, der von Cusanus irrtümlich als der „echte" Anatolius gehalten wurde. Doch dieser Pseudo-Anatolius ist vermutlich nur eine von neuzeitlichen Historikern erfundene Fälscher-Figur (Zedler kennt ihn noch nicht), um die in diesem Zusammenhang auftretenden Anachronismen zu „erklären".

cvi

Es könnte der 18. Kalend Mai (= 14. April) gemeint sein, was aber laut Stegemann immer noch falsch wäre

(„fälschlich für 18. April"). Wenn nun aber der 18. April richtig gewesen wäre, Cusanus jedoch den 18. Mai nannte und womöglich auch meinte, könnte dann die Diskrepanz damit zu erklären sein, daß für Cusanus Mai war, was für uns April ist?

cvii

Dieser Bischof Morinus hatte somit eine überkonfessionelle Funktion und gebot gleichermaßen über „Juden, Griechen oder Lateiner".

cviii

Es ist hier wohl von Priester- bzw. Weihegraden die Rede, allerdings kennt keine christliche Kirche aus neuerer Zeit eine solche Rangabstufung. Jedoch sind 7 Weihegrade vom *Mithraskult* überliefert, nämlich 1. Rabe, 2. Verborgener, 3. Soldat, 4. Löwe, 5. Perser, 6. Sonnenläufer und 7. Vater. Es kann eigentlich keinen Zweifel geben, daß die Papstreligion (Papa = Vater) einst aus dem Mithraskult hervorging und erst später „christianisiert" wurde. Der genannte Bischof Morinus dürfte somit noch ein Anbeter des Mithras gewesen sein, der gleichermaßen über Juden, Christen und andere Konfessionen herrschte.

cix

Bischof Proterius von Alexandria veranlaßte Papst Leo I zu einer Änderung der Osterregel, indem die bisher in Rom geltende Ostergrenze vom 21. April auf den 23. April verlegt wurde.

cx

Angeblich unterblieb die Benachrichtigung des Ostertermins durch den Bischof von Alexandria ab Mitte des 6. Jhs.

cxi

Hier wird wieder eine fundamentale theologische Begründung für die Kalenderreform gegeben. Die abergläubische Beachtung von Kalenderdaten (z.B. „Lostage") verträgt sich eigentlich nicht mit dem christlichen Glauben, der ja in seinem Kern gerade die Befreiung von abergläubischen Ritualen verheißt. Das Osterdatum ist jedoch eine Ausnahme, weil Gott selbst diesen besonderen Tag über alle anderen Tage hinaushebt. Es ist der Tag der Weltschöpfung und dient der Erinnerung an Gottes Werk.

cxii

Dies steht natürlich im Widerspruch zur Aussage einige Zeilen weiter oben, daß nämlich der Tag der Konjunktion durch die Goldene Zahl einstmals richtig angezeigt wurde.

cxiii

Cusanus scheint seine Zweifel bezüglich des ursprünglichen Ansatzes wie auch hinsichtlich der seither überlieferten Verbesserungsvorschläge zu haben, so daß er sich lieber nicht darüber äußern möchte.

cxiv

Die Abschaffung der Goldenen Zahl war den Kirchenoberen zu riskant. Stegemann: „Die Kirche mußte offenbar, wenn die Goldenen Zahlen weggefallen wären, in jenen auch aus anderen Gründen revolutionären Zeiten die Entfremdung von ihren Anhängern fürchten."

cxv

Stegemann sieht hier v.a. die Kalendarien gemeint, „die damals Anweisungen zum Auffinden der Goldenen Zahl, des Sonntagsbuchstabens usw. enthielten. Wie die in all diesen Werken benutzte deutsche Sprache zeigt, waren dies ganz volkstümliche Dinge. Da im Denken jenes Zeitalters Irdisches und Astrales auf das engste verknüpft waren, wie auch die Bekanntschaft einfacherer Kreise mit der Handhabung des Technischen der Osteransetzung beweist, war es in der Tat schwer, hier zu reformieren. Noch bis in das spätere 18. Jahrhundert hielt derartige Literatur das alte Überlieferungsgut fest."

cxvi

Die Septuagesima hat wohl ursprünglich den 70. Tag vor Ostern bezeichnet (d.h. 10 Wochen vor Ostern); heute liegt dieser Sonntag nur noch 9 Wochen vor Ostern, womit eine unterdessen eingetretene Kalenderreform indiziert ist, die Ostern um eine Woche zum Jahresbeginn hin verschob. Cusanus' Bedenken wurden nämlich Realität: Bei einem sehr frühen Osterdatum kann der 70. Tag vor Ostern vor dem 13. Januar (Oktav von Epiphania) liegen; damit dies aber für die „Septuagesima" trotzdem nicht geschah, wurde dieser Feiertag kurzerhand umfunktioniert: er galt nun als der 70. Tag vor dem Ende der Osterwoche, was natürlich liturgisch bedeutungslos ist. Es herrscht hier ohnehin eine beispiellose Verwirrung, denn die der Septuagesimae folgenden Sonntage hießen Sexagesimae („60. Tag") und Quinquagesimae („50.

Tag"), was überhaupt nur dann einen Sinn ergeben würde, wenn eine Woche 10 Tage hätte. Es ist sicher vielsagend, daß diese drei Sonntage der sogenannten „Vorfastenzeit" seit dem 2. Vatikanischen Konzil praktisch aus dem Festkalender getilgt sind.

cxvii

In den alten Kalendern wurden die Tage, beginnend mit dem 1. Januar, von A bis G durchbuchstabiert. Der Buchstabe, der mit dem ersten Sonntag des Jahres zusammenfiel, wurde „Sonntagsbuchstabe" genannt.

cxviii

Hier ist nun endlich der geniale kalendertechnische Eingriff beschrieben, der – so die Hoffnung seines Erfinders – praktisch unbemerkt von der breiten Öffentlichkeit die notwendige Verbesserung und Synchronisation des Kalenders mit den astronomischen und liturgischen Gesetzen ermöglicht hätte. Im Endeffekt hätte ein Datumssprung von einer Woche resultiert.

cxix

Alternativ könnte es auch heißen: „und es sei das Pascha frühestens am 11. Kalend April". Je nachdem also, wie man dieses Stelle (*„et primum pascha XI. kal. Aprilis fore"*) übersetzt, gelangt man zu einem festen oder zu einem variablen Ostertermin…

cxx

Stegemann: „Das Zusammenrücken der beiden mit den Solstitien verbundenen Persönlichkeiten der christlichen Religion ist antiken mystischen Bezugsetzungen zuzuschreiben… Cusanus ist beglückt, daß nach der Reform des Kalenders die beiden Geburtstage wieder zu den Solstitien hinrücken, mit denen sie in der alten Überlieferung verbunden sind."

cxxi

Die Art und Weise, wie Cusanus mit den Begriffen „Mondzyklus" und „Goldene Zahl" operiert, ist für den Übersetzer (und damit letztlich auch für den Leser!) nicht immer einfach zu durchschauen. Grundsätzlich geht es ja darum, daß eine seit alters in der christlichen Chronologie verwendete „Goldene Zahl" ihren einstigen kalendarischen Zweck – nämlich den Neumond zu markieren – nicht mehr erfüllen konnte. Ihre fixe Periode von 19 Jahren konnte den tatsächlichen Lauf des Mondes, also den wahren Mondzyklus, nicht über längere Zeit korrekt abbilden. Nun hängt die Goldene Zahl auch davon ab, wann man den 19-jährigen Zyklus beginnen läßt; in der konventionellen Chronologie ist dies das Jahr 1 v.CHR. Man würde dann für die Jahre 1483 und 1635 die Zykluszahl „2" erhalten; Cusanus nennt aber für beide Jahre die Zahl „18", woraus man schließen kann, daß der von ihm angenommene Zyklusbeginn um ein ganzzahliges Vielfaches von 3 oder 16 Jahren von der konventionellen Epoche 1 v.CHR entfernt ist, also z.B. 3 CHR, 16 CHR usw. Die Differenz von 3 Jahren ist charakteristisch für den Unterschied zwischen dem byzantinischen und dem abendländischen Zyklus, d.h. Cusanus hätte noch nach der byzantinischen Epoche gerechnet.

cxxii

Laut Stegemann entsprachen diese Angaben nicht dem Stand der Zeit, sondern etwa dem Jahr 1290. Das Äquinoktium hätte demnach im Jahr 1439 auf den 11.März fallen müssen.

cxxiii

Aus der Formulierung geht hervor, daß es Cusanus selbst nicht möglich ist, das genaue Datum des Äquinoktiums zu bestimmen, sondern daß er sich auf die Berechnungen in den einschlägigen Tabellen verlassen muß.

cxxiv

Cusanus scheint nicht genau zu wissen, in welchem Jahr das berühmte Konzil von Nicäa, auf dessen Beschlüsse er sich ja oft beruft, stattgefunden hat. Seine Vermutung („etwa im Jahr des Herrn 340") weicht doch beträchtlich vom lehrbuchmäßigen Jahr 325 ab. Die Differenz ließe sich etwa aus der Synoche 325 ACT = 340 IMP erklären. Vielleicht hatte er aber auch das 2. Konzil von Nicäa (787) im Visier, wobei ihm dann das bekannte Durcheinander bei den persischen Epochen einen Streich gespielt hätte: 340 NPR = 788 APR.

cxxv

Angeblich fand dieser Briefwechsel anno 457 statt, also noch bevor Hilarius Papst wurde (461). Victorius von Aquitanien ist der Verfasser des berühmten *Canon Paschalis*, eines 532-jährigen Osterzyklus, der ab der Kreuzigung Christi zählt, die er ins Jahr der Konsul-Zwillinge „Ruffino & Rubellio" bzw. ins Jahr 5228 nach Erschaffung der Welt legte. Obwohl die Angaben des

155

Victorius z.T. erheblich von der Lehrmeinung abweichen, setzten die Chronologen das erste Jahr dieses Zyklus ins Jahr 28 n.CHR (Victorius selbst konnte dies nicht tun, da er ja die Christus-Epoche noch gar nicht kannte). Zufälligerweise besteht damit zwischen der Victorius- und der Christus-Epoche dieselbe Differenz wie zwischen der Christus- und der Augustus-Epoche. Victorius erwähnt im Brief, daß sein Osterzyklus bis zu seiner Gegenwart 430 Jahre umfaße und darüber hinaus weitere 102 Jahre der Zukunft enthalte; er hätte demnach die Jahre 28 - 559 CHR abgedeckt. Etwa im Jahr 800 CHR, also gemäß obiger Rechnung im 241. Jahr des 2. VIC-Zyklus, kam dieser Kalender außer Gebrauch. Dieser VIC-Zyklus könnte aber in Wirklichkeit der Indiktionszyklus gewesen sein, und der Übergang wäre dann durch die Synoche 242 DIC = 1 ARM gekennzeichnet; wir befänden uns damit auch im 526. Jahr des 1. VIC-Zyklus. Es ist nun aber nicht klar, wie Cusanus zur Feststellung kommt, daß angeblich im Jahr 462 „manche Römer ganz wie die Juden" begriffen", daß das Äquinoktium auf den 15. Kalend April (= 18. März) fiel; Stegemann geht davon aus, daß Cusanus irrtümlich meinte, der Brief von Victorius an Hilarius datiere aus dem Jahr 462, und somit sei der Brief selbst der Grund für diese Bemerkung. Doch diese Erklärung dient allzu offensichtlich nur dem Zweck, die anderswo lauernden Anachronismen zu vermeiden! Die betreffende Stelle erwähnt das Konsulatsjahr von Gratianus V, womit wir uns gemäß konventioneller Rechnung im Jahr 380 befänden. Es scheint damals einen heftigen Streit um die richtige Osterrechnung gegeben zu haben, was dazu führte, daß zwei Jahre später (im Konsulat Antonius/Syagrius) das erste römische „Supputationsjahr" begangen wurde, also das erste Jahr, in dem die Festtage nicht gemäß der Tradition, sondern aufgrund von Berechnungen festgesetzt wurden - im Grunde also der Wechsel von der Ausrufung der Kalenden zur schriftlichen Fixierung des Kalenders. Die Synochen 382 APR = 462 ARM sowie 382 IMP= 462 TYR geben uns erste Hinweise, welches chronologische Schema Cusanus im Kopf hatte, als er das Konsulat von Antonius und Syagrius datierte. Wir erinnern uns, daß Cusanus an anderer Stelle, als er dieses Konsulat erwähnte, ebenfalls mit einem eklatanten Anachronismus glänzte, der mit den Synochen ANT/HAS erklärt werden konnte (die Anachronismen des Cusanus entstehen also aus verschiedenen Epochenbezügen, die zueinander nicht kompatibel sind). Es sind nun zufälligerweise auch genau 462 Jahre, die das erste vom zweiten Konzil von Nicäa trennen, d.h. das erste Konzil könnte eine eigene Epoche begründet haben. Wenn man davon ausgeht, daß es überhaupt nur ein solches Konzil gab, dann könnte dies in einem Jahr 462 stattgefunden haben, wie folgende Synochen es nahelegen: 462 ARM = (1)325 SLK („1. Konzil") und (1)462 TYR = 787 ARM („2. Konzil").

cxxvi

Stegemann findet es „merkwürdig, daß hier eine Berechnung für Jerusalem vorliegt", weil die Alfonsinischen Tafeln, so wie man sie heute kennt, nicht die Daten für Jerusalem, sondern für Toledo enthalten. So oder so wären die von Cusanus genannten Daten aber falsch, wenn man nach den heutigen Tafeln rechnet – doch in den Tafeln, die Cusanus vorlagen, stand offenbar noch etwas anderes, was den Schluß zuläßt, daß die in die

157

moderne Zeit tradierten Alfonsinischen Tafeln nicht mehr dem Original entsprechen.

cxxvii

Man geht stillschweigend davon aus, daß hier Tage im März gemeint sind.

cxxviii

Laut Stegemann sind praktisch alle in diesem Kapitel genannten Zeitpunkte grundsätzlich falsch (im vorliegenden Fall würde der Fehler rund 20 Stunden betragen), obwohl schon damals genauere Daten hätten vorliegen müssen. Der Vorwurf an Cusanus lautet damit implizit, daß er sich auf unzuverlässige Quellen stützte - der Umkehrschluß könnte jedoch lauten, daß die angeblich „korrekten" Berechnungen aus jener Zeit nur nachgereichte Fabrikationen sind, um das herrschende chronologische System zu stützen.

cxxix

Dieser Literaturhinweis ist besonders deutlich als späterer Einschub erkennbar!

cxxx

Das „Vorauseilen" beträgt eine Stunde auf 15 Längengrade.

cxxxi

Ptolemäus selbst nannte eine Abweichung von einem Grad in 300 Jahren, was etwa auf dasselbe hinausläuft: $360/365 \approx 300/304$.

Es ist nicht nachvollziehbar, wie Cusanus auf die 316 Jahre kommt. Stegemann vermutet einen Überlieferungsfehler. Es scheint sich um einen unpassenden späteren Einschub zu handeln.

cxxxiii

Cusanus hat weiter oben eine mittlere Fehlerperiode von 150 Jahren genannt, d.h. durchschnittlich zwei Tage Abweichung in 300 Jahren.

cxxxiv

Angeblich ist dies eine Anspielung auf einen Traktat von Hermann Zoest über die Korrektur des Kalenders, in dem von einer Ära ab dem Basler Konzil die Rede ist. Diese Art von Epochensetzung war damals nichts ungewöhnliches, weil jedes wichtige und öffentlich wahrnehmbare Ereignis als eine Epoche und damit als Beginn einer neuen Zeitrechnung gelten konnte, was auch zeigt, daß damals die Christus-Epoche selbst für Kleriker keineswegs verbindlich war. Allerdings ist hier Vorsicht geboten, da das Konzil zu Basel mit seiner Überlänge von 18 Jahren (1431-1449) eine ganze Bandbreite von Epochen bietet – oder anders herum: vielleicht ist ja gerade die unsichere Zuordnung der Zoest'schen „Basler Epoche" der eigentliche Grund dieser Überlänge. Auch die Idee, man könne „für das Jahr des Herrn 1440 neue Wurzeln" aufstellen, läßt auf einen lockeren Umgang mit Zeitaltern und Epochen schließen: Es ist hier klar von der Erfindung einer neuen Epoche die Rede, damit gegebenenfalls die aktuelle Jahreszahl und das geplante neue Kalendersystem auf einen kompatiblen Nullpunkt zurückgeführt werden kann. Zoest gilt übrigens als der Initiator der Kalenderreform, jedoch wurden seine Vorschläge schon früh abgelehnt. Inwiefern er später das Reformwerk zu hintertreiben bzw. zu modifizieren verstand (was vermutet wird), kann nicht schlüssig beurteilt werden (siehe auch Nachwort und Anhänge).

CXXXV

Stegemann übersetzt „octavis" einfach mit „Oktave" – natürlich in der Meinung, Cusanus habe diese Bezeichnung als eine schon bekannte kalendarische Größe verwendet. Zu dieser Annahme besteht jedoch nur bedingt Veranlassung; es ist nämlich anzunehmen, daß der Begriff „Oktave" im Sinne von „Feiertag in einer Woche" überhaupt erst durch die von Cusanus angeregte Kalenderreform in den Sprachgebrauch und in die Kalenderpraxis überging. Der Begriff kommt daher auch nur in den kursiv gedruckten Textpassagen vor, von denen wir vermuten dürfen, daß sie erst später in das Werk eingefügt wurden. Die Oktave war in der älteren katholischen Liturgie das Fest eine Woche nach dem Hauptfest (sozusagen der „8. Tag" der Festwoche). In Kalendern des 17./18. Jhs. findet man speziell die drei Tage 26. (Stephanus), 27. (Johannes) und 28. Dezember (Unschuldiges Kindlein) als Oktaven am 2., 3. und 4. Januar wiederholt, bevor diese im Zuge der Kalenderreformen des 18. Jhs. durch andere – oft alttestamentliche - Tagesheilige ersetzt wurden. Man findet aber in der Fachliteratur keine plausiblen Erklärungen für die Funktion dieser Oktaven. Vermutlich erhielt der Begriff „octavis" erstmals im Zusammenhang mit der Cusanischen Kalenderreform seine bis ins 18. Jh.

reichende liturgische Bedeutung, und die Tatsache, daß diese mysteriösen Oktaven unvermittelt in die Kalenderpraxis Eingang gefunden haben, ist schon fast ein Beweis dafür, daß die Cusanische Kalenderreform auch tatsächlich umgesetzt wurde. Was ist Cusanus' Anliegen? Er sieht einen möglichen Widerstand gegen seine Reform vor allem auch aus der Geschäftswelt, wo durch die Streichung von 7 Tagen die Zinslaufzeiten verkürzt worden wären, was sich zuungunsten der Gläubiger ausgewirkt hätte. Interessant ist in diesem Zusammenhang die Feststellung, daß die Zinstermine häufig auf Feiertage gelegt waren. Um nun für Schulden, die vor der Reform eingegangen wurden, eine korrekte Abwicklung auch nach der Reform sicherzustellen, schlägt Cusanus vor, daß in diesen Fällen die betreffenden Zinstermine auf den 8. Tag nach dem nominellen Feiertag und ursprünglich vereinbarten Zinstag (dieser als 1. Tag gerechnet) zu legen seien. Diese Oktaven wären kalendertechnisch eine Übergangslösung gewesen, die nur solange nötig blieb, als es noch Schuldverträge aus der Zeit vor der Reform gab. Nachdem die wirtschaftliche Grundlage dieser Oktaven nicht mehr vorhanden war – weil unterdessen auch die ältesten Schulden getilgt waren -, konnten diese zinstechnisch bedingten Oktaven wieder aus dem Kalender verschwinden – was denn auch prompt geschah! Die katholische Kirche hat zwar die Oktaven-Liturgie formell eine Weile weitergeführt, doch zum Schluß blieb eine allmählich absterbende kirchliche Tradition, deren Ursprünge völlig in Vergessenheit geraten waren, so daß die Oktaven im 2. Vatikanischen Konzil praktisch abgeschafft wurden. Es ist sicher kein Zufall, daß ausgerechnet die letzten Feiertage des Jahres mit Oktaven versehen wurden, weil es sich bei diesen ohnehin um traditionelle Zinstage handelte, zumal sie auch noch einen zusammenhängenden Block bilden, was den Schluß zuläßt, daß sie einst als ein einziger Zinstermin angesehen wurden. Man könnte sich sogar vorstellen, daß der Brauch des Schenkens zur Weihnachtszeit auf die ursprünglich erbrachte Leistung der Zinszahlungen (Geld oder Naturalien) zurückzuführen ist.